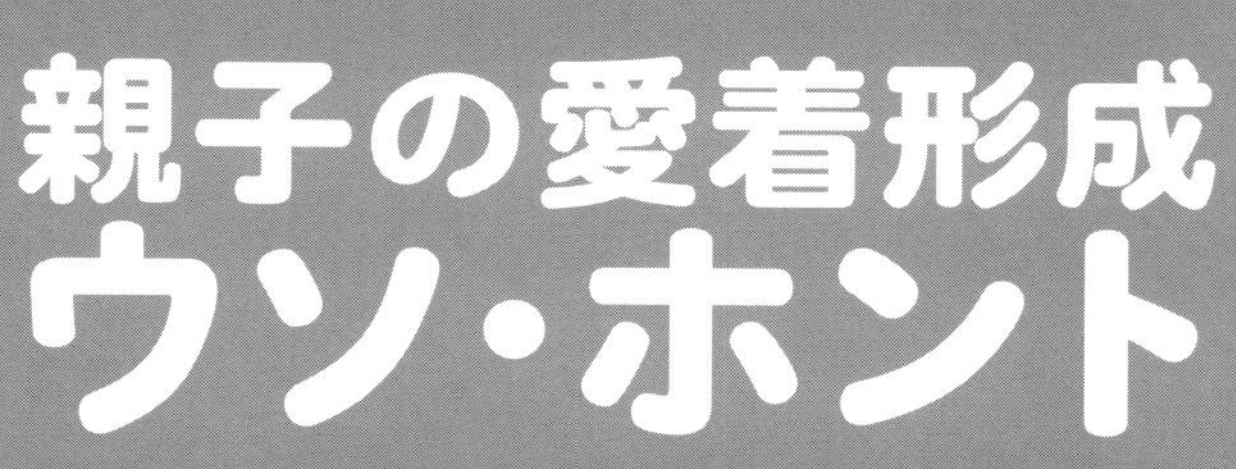

親子の愛着形成 ウソ・ホント

子どものかかわり方がわかる本

倉石哲也
Tetsuya Kuraishi

中央法規

はじめに

子育ては楽しく、喜びにあふれた営みです。一方で、子どもを育てる責任を負う親は、自分の子育てはこれでいいのだろうかと自問自答を繰り返します。いつの時代でも、子育ては簡単ではありません。親だからこそ、悩みは尽きないのです。

翻って現代社会は、子育てがしづらくなったといわれています。保育所の待機児童は減りつつあり、子育てひろば等が整備されるようになりました。安心して子育てができる環境が整っているにもかかわらず、子育てがしづらく感じるようになったのはなぜでしょうか？

子どもの数が減るということは、子育てをしている家庭が減るということです。現代は子育て家庭がマイノリティ（少数派）になりました。昭和の時代は、さまざまな親子の様子が地域にあふれており、他の家庭の子どもの育ちを垣間見る機会がたくさんありました。街角では、子育て中の親と出会うことも多く、井戸端会議が始まり、子育ての悩みや愚痴を言い合って支え合う仕組みがありました。

子どもの数が減ると親同士の交流も少なくなり、子育てで悩むとネットで情報を検索するようになります。そこにはアドバイスがたくさん書かれていますが、読むうちに、親としての責任の重さに圧倒されることはありませんか？　情報はあるけれど、子育てができているのか、自分の子どもはしっかり育っているのか、親の不安が解消されることはありません。

この本は、子育てに悩む方々に向けて書かれたものです。愛着という最近よく聞くようになったキーワードを中心に、子育てが難しくなった背景を考え、子どものかかわりについて悩む場面を取り上げて解説し、対応を紹介しています。

子育ての悩みは尽きません。特に乳幼児期の子どもがいる親は、子どもの訴えやSOSを察した対応が続き、最適解は見つかりにくいために不安は続きます。各章では、乳幼児期に大切だとされる親と子の愛着がうまく形成されるためのヒントをたくさん紹介してみました。少しでも子育ての参考になれば幸いです。

2024年8月

倉石哲也

目次

目次

イントロダクション

こんなことで悩んでいませんか？

子どものことを思えば思うほど、
子どもとの距離感に悩む経験、ありませんか。
次のページから取り上げるお悩みに心当たりがあるパパ・ママは、
ぜひ気になるところから本書を読み進めてください。

子どもがスキンシップを嫌がります

スキンシップが好きな子どももいれば、嫌がる子どももいます。乳児の頃は抱っこに慣れていますが、抱っこをあまり好まない子どももいます。幼児の年齢になれば、親からのスキンシップを恥ずかしがる子どももいます。

肌接触に敏感な子どもの場合、スキンシップは鳥肌が立つほど苦痛を感じることもあります。手を握る、頭をなでる、肩をポンポンと軽くたたくなど、子どもが敏感でない部分を使ってスキンシップを心がけましょう。

子どもが好む・嫌がるポイントを探すのと同じように、タイミングも大切です。子どもの機嫌や調子に合わせることを「波長」に合わせるといいますが、触れる部分、触れ方等は、子どもの好みに合わせるとよいでしょう。親の気分や調子、リズムでスキンシップをとろうとしても、子どもは受け入れる準備ができておらず、かえって強く拒否することがあります。■

親以外の大人を見ると大泣きします

発達年齢（月齢）に応じて、子どもは人の顔を認識し始めます。4か月で視力はおよそ〇・一程度で、顔や表情を認識し始めるのはおおむね9か月程度といわれています（もちろん個人差あり）。乳児でも人の顔は好んで見ると考えられていますが、目の前に急に顔が近づくことや、眼鏡等の光を嫌がって泣くこともあります。

大泣きするのは、子どもが求めていないにもかかわらず、大人の都合で子どもとの距離を詰めすぎたため、子どもは自分の安全なテリトリーが侵されたと思い怖くなったと考えられます。大泣きや無反応も、子どもの意思表示です。子どもが発する意思が何を訴えているのか、わかりづらいときもありますが、まずは親が子どもとの落ち着いたやりとりや声かけを大事にしましょう。

無反応や無表情に見えても、子どもは全神経を使って親の顔色を見ようとしたり、声のトーンや周囲の音から自分が安全かどうか認識しようとしています。興味を示していない（一人で遊びの世界に没頭している）ように見えても、大人が「あなたに関心をもっているよ」という声かけをすることで、子どもは「自分は守られている」という安心感を抱くようになるでしょう。■

初めてのことにも まったく 怖がりません

子どもが怖がらないのは、好奇心が旺盛であったり、安心・安全基地（安心できる大人の存在）があるために落ち着いていると考えられます。反対に、本当は怖いと感じているけれど、怖さ（不安）を出しても受け止められたり、気持ちをケアされた体験がないと、怖さを感じないように抑え込むことに慣れてしまっている子どももいます。

怖さを感じていないようでも、安心できる大人が近くにいるか、子どもは常に意識をしています。落ち着いた声で「怖かった？」と声をかけられることで、子どもは自分が守られていると認識し、そのときの気持ちを話し始めることがあります。

非常に怖がる場合は、怖いという感情表出ができていることを良しとして、大人は子どもの怖い気持ちをケアするかかわりを意識しましょう。まず子どもが何に怖がっているのかを推測します。お化けや動物、虫を怖がる子どもはわかりやすいですが、人を怖がる場合は、人の表情か距離かなど、何に怖がっているのかを推測します。以前怖いと感じたことを思い出して、同じような状況に怯えている可能性もあります。

外出を怖がる場合は、人の多さや息苦しさを感じる空気、音や明るさ等、子どもが違和感に敏感になり「怖さ」のような感情表出をする可能性があります。

子どもが怖がらないようにすることよりも、怖がったときに親（大人）が落ち着いた言葉かけや抱っこ、スキンシップをとるなど、子どもが落ち着くことができる対応を心がけます。落ち着いた対応によって、親や大人が守ってくれたという安心感や、自分は守ってもらえるのだという自己信頼感を育てる機会にもなります。■

3歳までは母親と一緒にと言われ、仕事復帰に悩みます

子どもが3歳になるまでは母親と一緒にいたほうがいいとされる「3歳児神話」には、科学的根拠はないと考えられています。3歳児神話は1960年代後半、日本の高度経済成長期に提唱されました。小児科医ジョン・ボウルビーが提唱した「母性の喪失*」は、特定の大人(母親)とのかかわりが子どもの発達(愛着形成)に影響を及ぼすという考えがもとになっています。

乳幼児期の子どもは母親がそばにいて養育することがふさわしいという考えは、高度経済成長期に、男性は仕事(会社)、女性は家庭という家庭像と一致し、広まりました。しかしボウルビーが提唱したのは、乳幼児期の子どもには母性(Maternal)、つまり母性的な役割をもつ大人の存在が重要であるということです。もちろん、子どもにとって母親は最も身近な愛着の対象ですが、母親や父親以外に日常的に子どもとかかわる祖父母や親族、保育者なども、子どもにとっては愛着の対象となります。親や身近な養育者との関係が安定するほど、他の養育者との愛着形成が可能であると考えられています。現代社会では、母親を中心としつつも子どもを支える養育者らのネットワーク(愛着のネットワーク)が重要です。

たとえ乳児期から働くことになっても、罪悪感は不要です。親か親族が保育所・保育者等を上手に頼ることができれば、やがて子どもは親とも保育者とも安定した関係を作ることができるようになります。

＊ 母性の喪失とは、乳幼児期に母親(又は母親の代わりとなるような養育者)から乳幼児として生存するために必要な愛情とケアが十分に提供されない状態を指します。母性の喪失は、子どものその後の身体的精神的な発達に望ましくない影響を及ぼすと考えられています。

園に預けている
子どもが気がかりで、
仕事が手につきません

ハア〜

預けている子どもを心配するのは、親として自然な感情でしょう。子どものことが気がかりになる背景には、普段から子どもとゆっくりかかわれていないのではないかとか、保育者（担任）と子どもの様子についてしっかり話ができていないのではないかといった、子どもとの関係や保育者との関係における親としての不全感があります。子どもにとって、多くの保育者や友だちとともに過ごす保育所等は、現代社会において、子どもの成長発達を促すために有効な施設と考えられています。親が保育者と親しく話をしていれば、子どもはその様子から、園が安心できる場所だと認識するようになります。

子どもと離れるさびしさは親として当然の感情ですが、帰宅後や休日に、子どもとどのように過ごすかを想像し、目の前の仕事に集中することです。朝はどうしても時間に追われて慌しくなります。急かす気持ちが強くなり、子どもと十分にかかわれなかったと反省しながら仕事に向かうことがあるかもしれません。子どもとの不全感を解消するためにも、朝の時間に少しだけゆとりをもって過ごして園に向かうと、子どもとのコミュニケーションが増え、保育者とも少し余裕をもって会話ができるでしょう。朝の少しのゆとりで、、子どもや保育者との間の不全感が解消されることでしょう。

公園デビューの方法がわかりません

公園デビューをあせる必要はありません。公園には同じ年齢の子どもやその親がいるので、楽しい交流が生まれることを想像しますが、親は、声をかけてもらえるか、子どもが他の子どもと仲よく遊ぶことができるかといった、他者との関係に意識が偏ることがあります。声をかけてもらえなかった、一人で（親子だけで）遊んで過ごしてしまったという残念な気持ちが、親子で公園で遊んだ楽しさより勝ることもあります。親はそのような公園の中の関係を意識しますが、子どもは他者との関係よりも親と楽しい時間が過ごせるかどうかを感じます。子どもにとっては、楽しく過ごすことで公園が安心・安全な場所になるのです。

子どもは親と二人の関係から徐々に人間関係（友だち）を広げることもありますが、反対に広がらない場合もあります。広がらない場合でも、子どもにとって親に見守られながら楽しく過ごせる体験は、親に大切にされている自分を感じる時間になるのです。他の親と話をしたい思いが強い場合は「子育てひろば（地域子育て支援拠点）」「園庭解放」や「児童館」に出向くと、職員に声をかけてもらうことができ、他の親と関係を作ることができ、子どもも守られた環境で楽しい時間を過ごすことができます。■

子どもと一緒にいるのが苦痛です

親子が一緒にいる時間が長いだけでなく、同じ屋内で一緒にいることでお互いを意識してしまい疲れることがありますが、珍しいことではありません。楽しく過ごすことを親が意識するよりも、リラックスしてその場で自然に過ごすほうが、子どもにとっては安心できる環境になるでしょう。

同じ空間にいても、親は親、子どもは子どもと、それぞれの過ごし方ができるようにするのもよいかもしれません。子どもに楽しいことをしなければとあせると、気持ちが空回りします。親があせってしまうと、子どもも楽しくありません。これは、親のマイナスの気持ちが伝わるからです。〝子どものために……〟と思い過ぎずに、自分が楽しめることをしてみてはどうでしょう。

親が楽しんでいることに関心をもつ子どももいます。親が楽しいことを子どもと一緒にやることで、親子に楽しい波長が生まれるでしょう。

1日の中で子どもと遊ぶ(一緒に過ごす)時間を決めて(10分程度)、その時間は子どもの遊びに付き合うと決めてもよいでしょう。その時間の遊びは親から誘導せず、子どもの遊びについていく感じです。遊びを邪魔することなく、「こんなふうに遊ぶんだね」と言葉をかけたり、子どもができることをほめる言葉かけを意識すれば、子どもの遊び方や遊びのペース、遊びの世界を理解するきっかけになり、その後の子どもとの会話にもつながるでしょう。

きょうだいを等しくいとおしいと思えません

親が子どもを同じように愛そうと思っていても、きょうだいの個性や親との相性でいとおしさに差が生まれることは稀ではありません。子どもにいとおしさを感じる理由はさまざまです。性別や性格、自分と似ている・似ていない、甘え上手・甘え下手など、理由を探せばきりがないでしょう。親に気遣いができることをいとおしいと思うのか、逆にわずらわしいと思ってしまうのかは親次第です。つまり、いとおしく思えない理由は子どもにあるのではなく、親にあると考えたほうがよいのです。

大切なのは、いとおしく思えない子どもとは「いとおしくない」という親の思いで子どもとつながっているということです。このつながりを大切にして、いとおしく思えない子どもと二人だけで過ごす時間を作ってみてはどうでしょうか。時間を決めて無理なく遊ぶ、子どもの話を聞いて〝へぇ、そうなんだね〟と関心をもって受け止める（批判しない）、小さなことをほめるといったかかわりを意識することで、子どもは親に安心感を抱くようになるかもしれません。子どもが親にやってほしいと思っていることを想像しながらやってあげると、子どもは「親は自分のことをわかってくれている」と安心できるでしょう。「いとおしく思えない」と悩むということは、それだけ愛情をもちながら子育てをしている証ですよ。

1章

子どもとの関係が薄くなる昨今の子育て事情

共働き家庭の増加、核家族化など、
現在の子育ては以前と大分様相が変わってきています。
まずはこうした最近の子育ての特徴を押さえて、
子どもとの距離感を考える基礎知識を身につけます。

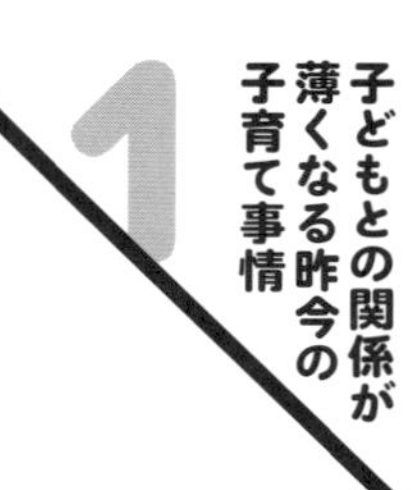

親子で一緒に過ごす時間がとれない

子どもが落ち着く時間が「関わりの質」

1日の大半を親は職場で過ごし、子どもは保育施設等の預け先で過ごす家庭が多くなっています。アタッチメント研究の第一人者である数井みゆきは、「親子関係は一緒に過ごす時間の長短ではなく、関わりの質が重要」と述べています。[*1]

それでは、親子の「関わりの質」とは何でしょう。それは、子どもが不安や危機を感じたときに養育者（親）との間で落ち着くことができる時間です。予想外の出来事が起こったりうまくいかないとき、疲れているとき……、子どもは泣いたりイジイジしたり不機嫌になったりします。親は、その姿と子どもの思いを受け止め、子どもの気持ちを代弁します。うまくいかないことやうまくできないことがあっても子どもを責めるのではなく、うまくいかないことやできないことを許すという親の支えがあることで、子どもは親に安心感を抱くようになります。親以外の大人と過ごす時間も、支えられている（見守ってもらっている）と子どもが感じられることで、親以外の他者への信頼感を育てます。やがて子どもが親との関係が一時的に不安定になっても、乳幼児期に親が子どもを落ち着かせることが

*1　数井みゆき・遠藤利彦編著『アタッチメント 生涯にわたる絆』ミネルヴァ書房、2005年

できていれば、子どもができないことがあってマイナスの感情に支配されてしまっても、身近な大人との信頼を作る基盤となるのです。

子どもが求めていることを想像しよう

信頼できる他者から支えてもらえているという体験を通して、子どもは自己信頼感や他者信頼感を育みます。短い時間でも一緒に過ごすときには、子どもの話を聴く、子どもの好きなことを一緒にする、小さなことでもほめることを心がけてみましょう。

幼児期に入ると子どもは家庭以外の場所でがんばっている分、家庭では疲れてしまってうまくいかない気持ちをさまざまな態度で表現します。駄々をこねたり反抗的になるのは、それだけ外で心身のエネルギーを使っていて、親やきょうだいと調子を合わせるのが難しくなっている証といえます。親も同じで、疲れていると子どもに合わせるのは難しいしょう。子どもがしてほしいと思っていることを親がすると、自分のことをわかってくれているという安心感から、落ち着いたやりとりができるでしょう。■

共同で子育てをする環境の減少

共同養育による子育て

人間の赤ちゃんは、「生理的早産」と考えられています。つまり、人間の赤ちゃんは、自分で身体を支えたり、両手両足を使って動くことができない状態で生まれてきます。身体を動かすことができないので、何もかも大人の手を借りなければなりません。

一般的に動物は、母親の子宮の中で、自分の身体をある程度動かせるようになってから生まれてきます。人間の赤ちゃんが自分で動けるようになるのは6か月くらいからです。つまり人間の胎児は、本来子宮で16～20か月ほど育ってから生まれてくるのがベストといえます。個人差はありますが、成人の女性は一年に一度妊娠し、出産するという身体機能を備えています。理論上は成人女性から生理的早産の赤ちゃんが毎年生まれるのですから、母親が一人で子育てをするのは到底不可能なのです。

人類は進化の過程で、子育てや食料を手に入れること（狩りや耕作等）を共同で行う仕組みを作ったと考えられています。大きな家族や共同体の中で、多くの大人が交代で子育てできるような仕組みを「共同養育」と呼びます。この共同養育によって赤ちゃんは成長し、親を含めた複数の大人との愛着関係を形成できるようになるのです。

江戸時代には「仮親」という考え方がありました。子どもが生まれたら親の代わりになる人を作りなさいという考えです。木の幹が支えによってまっすぐ育つのと同じように、子どもは多くの大人に支えられることによってまっすぐに成長すると考えられていたのです。仮親の呼び方は地方により異なりますが、「抱き親」「拾い親」「行き合い親」は、生まれたての赤ちゃんを近所に紹介するために、（長屋の路地を行き交う人々に）抱いてもらう、かごに寝かせた赤ちゃんを拾い上げてもらうことを指します。産後の肥立ちがよくない親の代わりに、親が回復するまで子どもを育てる「養い親」、お乳の出にくい親に代わってお乳をのませる「乳母」、子どもの名前を考える「カナ親」など、地域には多くの仮親がいたといわれています。*2

*2 大藤ゆき『児やらい』岩崎美術社、1967年

愛着不全は地域社会の機能不全が原因？

翻って現代社会では、ある程度計画的に出産できるようになりましたが、ワンオペ育児と呼ばれるように、子育てと家事、仕事もするとい

うように、母親一人にすべての役割が課されている状態です。「共同養育」者として期待される夫の育児休暇も、家計を支えるという経済的な事情から満足に取得できない状態です。近隣とのつながりが薄くなった都市部では、親同士の交流は、親が高い意識をもって行わない限り、自然には生まれにくくなっています。

加えて、戦後の高度経済成長期に誕生した「専業主婦」の考え方から、家事や育児は母親が(一人で)するのが当たり前という母親責任の風潮が強くなりました。当時は地域の共同体が存在していたので、井戸端会議のように、子育てをする親同士が集まって情緒的に支え合う環境が地域社会には備わっていました。しかし、女性が社会進出を始めて以降、ワンオペ育児で孤独感を強めています。専業主婦は子どもを預けることや育児を誰かに代わってもらうことに罪悪感をもつようになったといわれています。

共同養育のように親同士が支え合う仕組みがあってこそ、子育てはお互いに頼り合いながらするものです。親は安心して子育てができるからこそ、子どもへの感受性や応答性が高まり、子どもとの間で安定した愛着関係を結ぶことができるのです。逆にいえば、安心して子育てができない状態では、子どもとの間で安定した愛着がうまく結べず不安になるのは当然といえるのです。親の責任だけではなく、社会の子育ての仕組みを変えていく必要があるのです。

子育ては頼るもの、代わってもらうもの

このように、子育ては親一人が担うものではありません。最近は、地域で子育てを支援する考え方が定着し、全国の自治体で子育て支援事業（ひろば事業）等が実施されるようになっています。また「こども誰でも通園制度」*3のように、保育所等を利用する要件が弾力化され、誰でも保育を利用できる制度がスタートします。また伴走型支援（出産・子育て応援交付金事業）により、妊娠期から相談（面談）できる体制が整い、出産以前からさまざまな子育て支援サービスとつながる（紹介されつないでもらう）ようになっています。SNSを使うと、離れていても親同士がつながることができるようにもなりました。

子育て中の親が必要以上に自己責任や罪悪感を覚えないようにするためには、地域の子育て支援が充実し、子育ては頼るもの、代わってもらうものといった現代版の「仮親」の考えが社会に広まることが期待されます。■

＊3　1か月のうち一定時間までの利用可能枠の中で、就労要件を問わず、時間単位等で柔軟に保育所等を利用できる新たな通園の仕組み

デジタル機器による子育て

子どもの興味・関心を高めるデジタル機器

「スマホ育児」「スマホ子育て」は、スマートフォンやタブレットを使って子育てをすることを指します。WHO（世界保健機関）は、2歳まではデジタル機器の利用は控え、2歳から5歳までは1日1時間以内とすることを推奨しています。

デジタル機器のメリットは、学習教材が充実しており、子どもが関心のあることについて楽しみながら学ぶことができるという点です。YouTubeなどの動画サイトは情報量も多く、子どもの遊びや学習に活用できるコンテンツが増えています。機器を自分で操作できる年齢になれば、飽きることなく動画を見続けることができるので、外出中や忙しい時間帯に子どもが動画に集中していると、親も落ち着くことができたり、やらなければいけないことに集中できるでしょう。

デジタル機器の遊びを通して、子どもがどういった内容に興味・関心をもつのか、親が理解できれば、（電車を見に行く、動物園に行くなど）実物に触れる機会をもつと、親子で一緒に楽しさを体験できるのではないでしょうか。動画などの画面を見ている子どもの様子から、流れている画面(内容)を受け身で見続けているのか、興味・関心をもって積極的に見ているのかを判断し、余裕のあるときには一緒にコンテンツを視聴して楽しむことで、親子の交流が図られるでしょう。

視聴のルールづくりをわかりやすく伝える

デジタル機器のデメリットとして、視力の低下が考えられます。ブルーライトの視聴では、30〜40分に1回は休憩を挟む必要があります。また、画面を見るときに前のめりになるため、姿勢が悪くなります。そのため、子どもの姿勢に気を配る必要がありますが、姿勢を戻すためにも適度に休憩を挟むのがよいでしょう。時間のメリハリをつける習慣がないと生活の乱れにつながり、年齢が進むと親に隠れて見るようになり、子どもにとって望ましくないコンテンツに興味・関心をもってしまうことにつながります。

スマホやタブレットは、親が一緒に視聴する時間を適度に作りながら、早い段階から見る時間と休憩のメリハリ、視聴する際のルールをわかりやすく子どもに伝えるようにしてはどうでしょうか。親が子どもの興味・関心の世界を理解していると、子どもは親が自分に関心をもってもらえていると感じて、安心して視聴できます。また、安心して視聴していると、親の示すルールを理解し守れるようになるでしょう。視聴と休憩のメリハリ、視聴時間のルールづくりの際にも、安心感や信頼感から、親の言うことを聞き入れる姿勢がもてるようになります。

自己責任と罪悪感、焦燥感を強める親

子育ては自己責任論だけでは乗り越えられない

現代社会では他人を頼るのは自分が弱いから、頼ることは人に迷惑をかけること、だから「自分でがんばらないといけない」という自立をあおる価値観が普通になっています。個人の考えが尊重され、能力に応じてやりたいことを自由に選択できる（社会から規制はかけない）、自分で解決していく、その代わり責任も自分でとるという自己責任化です。困ったときにはネットで検索すればヒントが見つかり、キーワードを入れると「ベストアンサー」にたどり着くことができます。具体的な解決策を簡単に手に入れることができる環境が整っているのです。子育てに限らず、医療や保険、法律に至るまで、身近に相談できる専門職が増え、わざわざ出かけて行かなくても、少し調べるだけで解決策を手に入れることができるようになりました。

果たして子育ては、ネット情報や「ベストアンサー」で乗り切れることでしょうか。そもそも子育ては、マニュアルや取扱説明書で対応できる営みではありません。子どもは感情や思考、意思をもっており、それらを自分の力でコントロールすることが難しい存在です。子育ては昨日うまくできたことでも今日はうまくいかないことが多くあります。昨日がんばったからと、今日休めるわけではありません。日々の子育てで親は試行錯誤しながら、これでいいのだろうかとあせりを感じることもあるでしょう。うまくいかず一人で抱え込むと子どもに当たってしまい、自己嫌悪や罪悪感を強めてしまいます。

他者を信頼し、信頼できる他者がいる親になる

友人や仲間といった他者に頼るというのは、できないことを代わりにやってもらう、話を聴いてもらう、時には愚痴をこぼすといった行為が当てはまります。愚痴をこぼすのは甘え（愛着）の行為とも考えられています。困ったとき、人はうまくできない自分を責めたり誰かの責任にしたくなるものです。理由はわからないけれど、気持ちがもやもやしているのでとにかく話を聴いてほしい、気持ちを受け止めてほしいと（無意識に）思うときに愚痴を発するのです。

自己責任、罪悪感や焦燥感は、自分でやらなければいけないという思い、つまり自立への強い意識と関係しています。しかし自立とは、「自分の力でできるようになること」と「できないことは人（モノ）に頼ること」という2つの行為から成り立っています。大人が頼り上手になることは、子どもの成長にとってよい影響を与えます。自分の親が周りの大人を信頼している様子を身近に見ることは、子どもにとってよいお手本にもなり、将来にわたり人とのかかわりを学ぶ土台になるはずです。

叱ることを怖れる親

叱ることと怒ることは分けて考える

叱ることの難しさは誰もが感じていると思います。叱った後には何ともいえないあと味の悪さを感じます。親が叱ると、子どもは一瞬でも言うことをきくので、親は子どもが言うことを聞いたというその一瞬が快感（不快が取り除かれる）となって、叱ることを繰り返してしまうのです。

子どもが一瞬でも言うことを聞くために叱ることに頼ってしまいますが、頻繁に叱っていると、子どもは徐々に言うことを聞かなくなります。効果が薄れてくると、より強い叱り方をするようになってしまい、結果的に親子の関係も悪くなってしまいます。叱られることが多い子どもは親の顔色を絶えずうかがうようになり、自分の感情や言い分を抑え込んでしまい自己主張が弱くなる（自己主張しなくなる）など、言葉の発達に影響することがあります。

怒ることと叱ることは異なります。怒りは強い感情を伴います。怒りは腹立たしさや憎しみといったマイナスの感情を含むため、怒られた意味よりも、親の言葉や態度に怖さや恐れを抱くようになります。一方、叱ることは、できていないことや新しいことを教えて話し合うことです。子どもは叱られる（教えられる）ことによって、何をすればよいのか（してはいけないのか）を少しずつ学んでいきます。叱ると子どもは不機嫌になります。子どもの不機嫌に向き合うのは、親も忍耐が必要になるでしょう。しかし、叱られることがない子どもは、我慢するのが苦手になり、大人の言うことを聞こうとしない（我を通す・自分の気持ちを優先する）、否定されることに弱い、できないと思ったことは最初からやってもらおうとする（当たり前になる）など、自分の気持ちや思いを周囲と調整しながらコントロールする力が弱くなります。

子どもは幼児期から倫理観（やってよいことと悪いことを理解しはじめる）を獲得すると考えられています。やってはいけないことをしてしまうと、子どもなりに恥ずかしさや、罪の意識を感じ始めます。時には親から厳しく叱られるために怖さが残ることもあります。しかし、叱られた理由を教えられ、どうすればよいかを話し合うことを繰り返すことで、やってよいこととよくないこととの区別がつくようになり、自制心が働くようになります。■

身体的・精神的疲労がもたらす育児不安

育児不安は外部の力を借りて解消

悩みや不安のない子育てはありません。不安は「子どもをしっかり守って育てよう」とする親の強い意思の証です。しかし、些細な不安でも、一人で抱え込んでいると他の不安に連鎖して、雪だるまのように不安が大きくなってしまいます。小さな不安の原因は人に話すなどしてこまめに解決し、不安を軽くするイメージをもちましょう。

子育て中の親が抱える主な不安の原因は「子どもの育ち」「仕事との両立」「（将来を含めた）養育費」ではないでしょうか。この不安を大きくするのが親の身体的・精神的疲労です。例えば、睡眠不足や過労によって、ストレスをためていると、身体的・精神的疲労が強くなり、不安も大きくなります。不安を軽くする方法として「子どもの育ち」については「こども家庭センター」や「地域の身近な相談機関」といった行政や地域の相談窓口を活用します。「仕事の両立」は、職場の同僚や仲間に事情を話して理解してもらい、両立が難しい要因を具体的に細かく分類して考えてみることも必要でしょう。

「子どもの病気」が繰り返されると、子育てと仕事の両立がますます難しくなるかもしれません。業務が予定どおり進まないときには職場の仲間を頼り、仕事ができるようになったときには職場に貢献しましょう。子どもを育てていると親としての責任が芽生え、仕事にも責任をもって取り組む意識が強くなります。自分を責めるのではなく、できることで貢献する意識をもちましょう。職場の仲間を上手に頼ることができるようになれば、その力は子育てにも反映されるでしょう。

有酸素運動は身体にとって有効です。身体を動かすのはもちろん、話すことは睡眠と同様に、気分転換（脳の認知操作）に効果があると考えられています。睡眠時間を確保することで、身体的・精神的疲労は回復する可能性が高いです。休日は外出する、家族や友人と過ごす時間を大切にする、少しの時間でも配偶者、親戚、友人などに子どもを預かってもらい、自分の好きなことをする時間を作るように意識しましょう。■

「躾」と「仕付け」

苦手・不得手を乗り越えるために

しつけは「躾」と「仕付け」に分けられます。身だしなみや行儀をよくするための「躾」と、大人の手伝いができるようになる「仕付け」です。子どもが大人に成長する過程で身だしなみや仕事を覚えるという意味でどちらも「自立」と密接に関係しています。

「自立」は、「自分でできるようになること」と「できないことは頼れるようになること」の2つの力で成立します。大人になればできることが増える一方で、苦手・不得手なことも増えます。苦手・不得手を乗り越えるためには、人やモノに上手に助けを借りなければなりません。

「自立」に必要な養育者のかかわり

森田ゆりは「自立」に必要な養育者のかかわりとして、次の6つを挙げています。*4

①子どもが安心・安全を感じられる→のびのび、いきいき。やりたいことに挑戦できる。

②受け入れられる→養育者や周囲の大人から自分の存在を無条件で認められる。やり

＊4　森田ゆり『しつけと体罰――子どもの内なる力を育てる道すじ』童話館出版、2018年

たいことや挑戦しようとすることが理解されている。

③できることが評価される↓できたことやできるまでの道程がしっかりと理解され認められる。承認された気持ちは、やる気を高める。

④選ぶことができる↓大人が決めてばかりではなく、子どもも意見が言える。時には選択肢が示されて自分で選ぶことができる。

⑤できないことが許される↓失敗しても責められない、失敗した結果ではなくがんばろうとしたことが認められる。次にがんばろうねと声をかけられる。

⑥養育者が落ち着いている↓自分が落ち着いている、または落ち着くことを意識する。

①から⑤ができる基本条件。

ダメなことはダメとしっかりと説明する（叱る）と同時に、次から気をつけようね、がんばろうねと許す声かけを意識しましょう。できないことが許されることは、自立によい影響を与えると考えられています。■

Column

専業主婦

専業主婦という言葉は、わが国や米国で1950年代に作られました。日本が高度経済成長に突入した頃です。都市部では夫はサラリーマン、妻は専業主婦と性別役割分業が固定化しました。

1959年、ソ連(当時)のフルチショフ書記長と米国のニクソン副大統領がソ連で開かれた万国博覧会の会場で、共産主義と資本主義のどちらが発展し国民の生活が豊かになっているのかを競い合いました。二人の自慢合戦は「キッチン・ディベート」と呼ばれています。

当時宇宙開発でソ連に後れを取っていた米国は、自国の経済発展を強調するために、国民の生活の豊かさをアピールします。郊外の広い住宅、その住宅にはテレビ、洗濯機、冷蔵庫などが完備されています。生活の豊かさを証明するためには、1日住宅で生活し家財を使いこなす人が必要になります。その役割を妻が担うことになったのです。これが専業主婦です。当時のアメリカのホームテレビ番組では「奥さまは魔女」「ママは何でも知っている」といった専業主婦が主人公として活躍し人気を博しました。

日本は1960年代に入り、三種の神器として洗濯機、冷蔵庫、テレビが普及し始めます。これを使いこなす妻は、終身雇用が約束され会社人間として働く夫を支える立場に置かれます。

その後、アメリカでは、専業主婦の存在は女性が自由に生きる権利を奪うものとして反対運動が起こります。ウーマンリブ闘争とも呼ばれる運動により専業主婦の存在と価値は否定されました。ボウルビーのアタッチメント理論も、母親を子育てに専念させるものとして一時的に否定されていました。日本では経済成長を支える夫・父親を支えるために専業主婦は必要でした。愛着理論は、母親は子育てに専念すべきという「3歳児神話」として定着したのです。

今では、母親以外の養育者との間で安定した愛着が形成することで健全な発達を遂げることが証明されており、「3歳児神話」は科学的根拠がないものとして否定されています。■

2章

子育てで大切にしたい愛着形成

本章では、子どもと一緒にいる場面で
どのように接していけば子どもとの愛着が形成されるのか、
1日の具体的な場面を取り上げながら提案します。
また、保護者がいない場面では、子どもが
（子どもを養育する、見守る役割の）特定の大人と
どのように愛着関係をしていくのかを理解します。

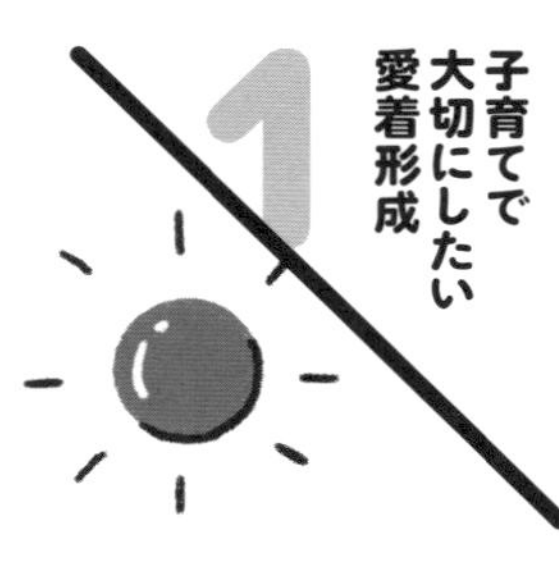

朝のかかわり
ぐずる子どもへの対応

一日の始まり。気持ちよくその日をスタートさせたいですが、出勤時間や保育所等に行く時間が決まっています。着替え、食事、出発準備と段取りがあるので、どうしても子ども急かせてしまいます。寝起きのよい子どもとそうでない子ども、切り替えができる子どもとぐずってなかなか動かない子どもなど、朝の様子はさまざまです。

親があせって急かせる言葉で追い立ててしまうと、子どもはさらに不快な気持ちになり、親の言っていることを理解できなくなります。理解する力よりも不快な気持ちが勝ってしまい、自分の感情がコントロールできにくくなります。

倉石せんせいのアドバイス

あせる親の気持ちを落ち着かせるためには、言葉で指図するだけでなく、手を貸して子どもができるように助けることも一つの方法です。例えば、服を着せるとき、最初に親が手を貸して、最後は自分でやれるようにすると、子どもは達成感を感じることができるでしょう。初めから子どもにさせようとして、なかなかやろうとしない（できない）子ど

もにイライラしてしまい、親子ともに不快な気持ちになるよりも、気持ちよく出発できることを優先してはどうでしょうか。落ち着いた言葉かけができるように子どもに手を貸すことも考えてみましょう。

いつまでも朝の準備を親に手伝ってもらう子どもはいません。保育所、幼稚園、小学校と年齢とともに生活リズムができてくれば、自分でできることを子どもは少しずつやり始めます。少しでも自分でやろうとする姿があれば、手を貸すことを控えて、子どものやろうとすることをほめる言葉かけをしてみましょう。親の期待値を少し下げて、子どもを認める声かけをすれば、子どものがんばりが増えるはずです。■

登園時のかかわり
保育所に子どもを預ける後ろめたさ

保育所に到着して子どもを預けるとき、子どもに泣かれると、親としてつらいものです。仕事に行かなければならないものの、後ろ髪をひかれる思いになります。出勤しても気持ちの切り替えがなかなかできず、子どものことが気になって仕事に集中できないこともあるでしょう。

倉石せんせいのアドバイス

子どもはどうでしょう。親を信頼し、自分が身も心も安心できる親から離れるときには、心細さや不安が高まります。これは、愛着が育っている証といえます。親との愛着が形成できている子どもは、親から離れるとき一時的に涙を見せますが、保育者にやさしい声かけをしてもらい、スキンシップなどをとってもらうことで安心し、心細さを収めることができます。子どもは、日常的に身近に接している、あるいは養育に携わる大人との愛着関係を結ぶことができるようになります。

登園前から園の楽しさを子どもと話すことで、子どもは保育所での遊び、保育者や友だちをイメージし、登園に向けて楽しい気持ちが生まれます。園に預けるときも、親は保育者と話しながら、子どもの遊びの楽しさを共有します。親と保育者が楽しく話をする様子が伝わると、子どもが保育所に安心感をもつ助けとなるでしょう。

仕事中に子どものことが気になるのは、親として自然なことです。子どもががんばっている姿を想像しながら、親自身も仕事に集中できるように心がけます。仕事に集中することで、お迎えの際の子どもとの再会が楽しみになります。

親が仕事で満足感を得ることができれば、子どもとの間でも落ち着いたやりとりができ、子どもは安心して親に甘えることができるのです。子どもに仕事の話ができるようであれば、わかりやすく短く話をしてみましょう。子どもが関心をもつようであれば、少しずつ話を増やしていきます。親がわかりやすく（楽しく）その日の出来事を話すことによって、子どもも聞く力が育ちます。また、親の話を模倣して、保育所であったことや友だち、保育者のことを自分の言葉で少しずつ話すようになるでしょう。■

降園時のかかわり
帰りたくない病への対応

保育所等で楽しい時間を過ごしていても、お迎えに来た親の顔を見て涙を見せる子どもがいます。逆に、もっと遊んでいたいからと帰ることを嫌がる子どもがいます。子どもが帰る準備をしようとせず、帰宅後の用事が頭をよぎると、親は「早く（帰る用意を）しなさい」と子どもにせかす言葉を浴びせてしまいます。

倉石せんせいのアドバイス

お迎えの際に子どもが涙を見せると、親としては子どもが園でつらかったことを我慢していたのではないかと考えてしまいます。子どもは園にいる間にいろいろなことをがんばったからこそ、お迎えに来た親の顔を見てホッとするのです。子どもにとって最も安心できる親が来てくれたことが嬉しくもあり、緊張がほぐれて涙があふれます。

お迎えのとき、親はその日の子どもの様子を保育者から聞くようにしましょう。もしも子どもにとってつらいことがあったようであれば、その気持ちを十分に受け止めることで、子どもは安心感を取り戻すことができるでしょう。親が子どもの様子から心配しすぎずに、落ち着いてスキンシップをとりながら、園で遊んだ話（できれば保育者を交えて）を聞き、親も仕事の話をするなどすれば（子どもは聞く）、やがて子どもは落ち着きを取り戻します。日々を重ねると泣くことは少なくなり、迎えに来た親に喜びの表情を見せたり、親に向かって走り出すこともあります。

迎えに来た親に関心を示さず一人で黙々と遊んでいたり、友だちや保育者から離れない場合、親は帰宅の段取りが気になり気持ちがはやります。まだ帰りたくない（遊びたい）子どもの思い（波長）と、早く帰りたい親の思い（波長）が合っていないために起こる気持ちの揺れでしょう。

このようなときは、子どもに声をかけるだけでなく、少しの時間一緒に遊ぶ、あるいは子どもの遊びに関心を示し、楽しんでいる様子をほめるなどの声かけをしてみましょう。子どもが作り出した楽しい世界を、少しの時間共有するのです。子どもは親が自分を見てくれていることに安心し、親の声が耳に入るようになります。帰ってからの過ごし方（晩ごはん、就寝までの遊び等）を話しながら、誘いかけましょう。あせらず一緒に遊びながら誘いかけるのは、子どもの切り替えのタイミングや帰る準備のリズムを図るための大切な機会になります。子どもの波長（切り替えや準備等）と親の波長（子どもの遊びを見守る気持ち）が合うようになれば、親にも気持ちの余裕が生まれます。■

食事中のかかわり
子どもの好き嫌いへの言葉かけ

食事のとき、親は、子どもの行儀や好き嫌い、完食が気になってしまいます。健康に過ごしてほしいと思うからこそ、食事に手をかけ、好き嫌いをなくすように工夫することもあるでしょう。子どもはおなかをすかせていたり、自分の好きなメニューが出ると楽しく食べ始めます。

楽しく食べ始めても、しばらくすると遊び食べ（手づかみ等）が始まり、歩き食べになってしまい、嫌いなものがあれば床に落とすこともあります。親が食べるように促しても口をつぐんだり、顔を横にして「食べない」意思表示をします。楽しく食事をしたいので、小言や無理に食べさせることはしたくないものです。

倉石せんせいのアドバイス

食事は生きるために必要な食欲を満たす時間です。子どもにとって楽しい時間のはずですが、食事のときの気分やその日の体調等によって、イヤイヤの場面に早変わりします。まずは食事の少し前から子どもの様子を観察し（または思い返し）てみましょう。一日の保育や外出で疲れて気持ちも身体も疲れているときは、食べるエネルギーも少ないかもしれません。食事中に寝てしまう子どももいます。また、下のきょうだいが親に食べさせてもらっているのを見ると、自分も食べさせてほしいと思うかもしれません。

楽しく食べられるに越したことはありませんが、子どもが疲れているようなら、子どもに求めるレベルを下げましょう。早めに切り上げる、食べさせてほしいようであれば少し食べるのを手伝う、嫌いなものが食べられなければ除去する、量を減らすなど、工夫をしてみましょう。子どもに食べることの負荷を与えるよりは、気持ちを軽くして食べることができるようにします。お替わりができるよう少なめにするのは、完食をほめることができるので、食事を楽しくするコツともいえるでしょう。

子どもが残すことに気がとられますが、食べることを強要することはできるだけ控えます。偏食は当たり前だと思って、食べられたこと（もの）に注目し、ほめる場面を増やします。強要するよりも、親として「食べてほしいと思っているんだよ」と伝えることが、落ち着いたコミュニケーションにつながります。食べられないものを強要されたり、（おやつ抜き等）罰を与えられるのではなく、許してもらう体験は、子どもの情緒の安定につながり、やがて食事をがんばってみようという気持ちが芽生える土台となります。■

子育てで大切にしたい愛着形成 5

入浴時のかかわり
子どもに愛着を感じてもらう

乳幼児期の子どもにとって、入浴は肌と肌が触れ合うスキンシップを深める大切な場面になります。

身体を清潔にする、浴槽の中で遊ぶ、話したり歌を歌うなど、お風呂場ではたくさん楽しいことができます。しかし子育てがワンオペになると、効率よく進めなければ入浴に時間がかかってしまうため、ゆったりした時間になりません。冬は親も子どもも風邪をひいてはいけないので特に慌ただしい時間になります。

倉石せんせいのアドバイス

温かいお湯に浸かり身体を弛緩（ホッとする）できる入浴は、ほとんどの子どもにとって楽しい時間になります。幼児期からは少しずつ身体を洗うことを覚え始めます。親に手伝ってもらうことで気持ちよさを体感できるのは、愛着を育てる貴重な機会です。洗いながらその日の出来事を話したり、できるようになったことをほめたり、できなかったことは次にがんばろうねと励ますなどの会話をすることによって、子どもは親が安心できる存在だと認識できるようになり、がんばるためのエネルギーを補充します。

気持ちが軽くなった子どもは、親にいろいろと話し始めることがあります。お風呂場で子どもの話に関心を示すことは、子どもの話す力を育てます。

乳児のときから、お風呂の気持ちよさを言葉に出して子どもに伝えるようにしてはどうでしょうか？　「温かいね」「気持ちいいね」といった心地よさを言葉に出すことで、子どもは心地よい感覚を言葉で覚えるようになります。

ワンオペ育児では慌ただしくなるのは必然です。1日の生活を考え、子どもを思うからこそのあせりでしょう。段取りがうまくいくことは親にとって大切ですが、段取りがうまくいかなくても、少しでも楽しく過ごすことができれば、子どもとの愛着や心地よさを実感できる機会となるはずです。■

遊びの中のかかわり

何でも用意する親、遊びを発展できない子ども

子どもには、遊びを通してさまざまなことに関心をもってもらいたいですね。最近は、遊びに適した玩具がたくさん手に入るようになりました。どうやれば子どもと楽しく遊べるのか、親が見守っていても子どもが玩具等でうまく遊びができないと、つい手を出して遊びを誘導してしまいます。

倉石せんせいのアドバイス

乳幼児期の子どもに遊びは欠かせません。1日の中で食事や睡眠と同じく、遊びは子どもにとって重要な活動の一つです。乳児期は遊びを通して手足の力をつけたり、がんばっておもちゃを取ろうと身体に力を入れたりすることで、手足をはじめ身体の運動機能を高めます。口で物の感触を確かめるなど、さまざまな機能を高めます。遊びを通して物や周囲への関心を高め、積極性を身につけるのです。幼児期には遊びを通して試行錯誤し、思考する力、記憶する力、コミュニケーションの力など、育ちにとって必要な多くの

能力を発達させます。自分の世界で楽しむことは、自発性を高め、想像力と創造力を育みます。

しかし、子どもは、面白そうだと思えるような興味や関心が湧かないと、遊びを長続きさせることができません。最初は楽しそうに遊んでいても、面白いと感じなくなると途中でやめてしまいます。飽きっぽいように見えますが、遊びに対して関心が長続きしていないのです。つまらないと思ったことをやり続ける力は、乳幼児期には育っていません（学童期後期から）。

わが子がどんなことに関心をもっているのか、親として観察することも大切です。例えば、外遊びや玩具を使った遊びよりも、絵本を読むのが好きな子どももいます。その逆もあるでしょう。親は子どもの楽しさに合わせてみることを考えてみましょう。視線や姿勢を同じ高さに合わせる、子どもの遊びの真似をする、楽しい気持ちになって「面白いね」と声をかけるなどします。親が楽しんでいる姿は子どもの安心感を高め、再び遊びに関心を向けるかもしれません。

親が興味や関心をもってほしいと思う対象と、子どもが興味や関心を示す対象が異なることもあります。「楽しいのかな」と思うこともありますが、できる限り子どもの世界に一緒に入って楽しむことをお勧めします。乳児の場合、目の動きや手の動きで関心のあるものがわかる場合があります。動きの方向を見ながら「面白そうだね」と親が後追いで声をかけると、子どもを中心にした遊びに広がることになるでしょう。■

子育てで大切にしたい愛着形成

7

TV

テレビの視聴

何をどこまで見せればよいのか

テレビや動画サイトなどのメディア視聴は子どもの発達に影響があることがわかっています。1~2歳ではコミュニケーション領域に、2~3歳では粗大運動、微細運動、人とのかかわりなどに影響があると考えられています。子どもが楽しそうに静かにテレビや動画を視聴していると家事も進みやすく、親としてはつい映像の力を借りたくなってしまいます。

倉石せんせいのアドバイス

子どもの興味や関心を引く映像であっても、視聴する際の姿勢は身体の動きが乏しく、画面に徐々に近づいてしまうと視力に影響をおよぼします。与えられたものを見ているだけの受け身の姿勢は、自分で考えて確かめるといった積極的・主体的思考を弱めることになります。

メディア視聴のメリットは、好奇心が刺激される、新しいことに興味が広がる、物の名前や形、大きさなどが認識できる、想像力が高まるなどがあります。教育番組等をうまく活用できれば、言葉の発達が促されるといった効果もあるでしょう。デメリットは、コミュニケーションが不足する、ブルーライトで睡眠の障害につながる、集中力が低下する、長時間見続けることで、やらなければならないことに気持ちが向かず、切り替えが悪くなる、といった弊害がいわれています。

視聴する番組を選択するのは親の責任ですが、選択の際には親の思い(考え)を話し、子どもの主張に耳を傾けるといった会話のやりとりの習慣をつけることを意識してみましょう。子どもが何を楽しんでいるのか理解しないままに一方的に視聴を打ち切る(禁止する)と、子どもは不快になり反抗的な態度をとってしまいます。一方、番組を親子で一緒に視聴しながら楽しむ時間をもつことができれば、子どもは親が自分を理解してくれているという安心につながるので、自分の思いも話すことができるようになるでしょう。

子どもの育ちに必要な言語の獲得は、親から話しかけられることで大きく発達します。その意味でも、メディアの視聴は1・5～2歳頃からが望ましく、2～5歳児の1日平均視聴時間は1時間程度が望ましいとされています(日本小児科学会他)。

乳幼児期の子どもは、外遊びなどメディア視聴以外の遊びで言語や運動機能の発達を促しましょう。習慣づいた長時間のメディア視聴を止めるためには、リモコンやコンセントを外す、テレビなどの機器が壊れたふりをする、親自身も動画サイトの視聴を控えるようにするなども時には必要かもしれません。■

就寝前のかかわり
絵本の読み聞かせ

就寝前は子どもにとって楽しいひとときですが、それまでの楽しい時間を切り替えることが難しいと、寝つくまでに時間がかかってしまいます。布団に入っても寝つきの悪い子どももいます。早く寝かさなければと親があせると、子どもにその気持ちが伝わって、子どもも興奮し寝つけなくなるといった悪循環が起こります。

倉石せんせいのアドバイス

就寝の準備には、絵本を読み聞かせる、親が物語を作って話をするなど、落ち着いたやさしいトーンで話しかけることで、子どもは静かな気持ちになり物語に想像力を膨らませることができます。子どもが寝つけない場合はテレビを消す、部屋の光量を落とす、会話の音量を下げるなど、親自身も落ち着く環境を作るようにしましょう。ブルーライトは覚醒効果があるため、就寝する30分くらい前にはテレビを消すのが望ましいとされています。

就寝に向けた準備は、毎日同じリズムで行うと、子どもも切り替えのリズムを安定させるようになります。子どもが好きな人形やおもちゃを使いながら親が物語を作って静かに話をすると、子どもは落ち着いて興味をもって過ごすことができるでしょう。

就寝は子どもが体力を回復するための大切な時間です。就寝前は入浴と並んでリラックスできる時間帯です。親が少しでも落ち着けていると、子どもは安心して落ち着いた気持ちを体験できるでしょう。親から静かな言葉かけをしてもらうことで副交感神経の分泌が促され、スムーズに入眠することができます。

日中に神経を興奮させる出来事を体験していると、入眠後に大きな声で寝言を言う、身体を起こすといった夜間覚醒が起こることがあります。特に心配せず、親がやさしい声かけをしながら睡眠に誘導することで、再び落ち着いて眠りに入ることができます。■

9

公園遊びでのかかわり

友だちの輪に入れない、仲良く遊べない、ママ友の輪に入れない

子どもの運動機能の発達に伴って、外遊びの機会は増えていきます。最初は親子で遊ぶことが多いですが、外遊びを重ねると、親は公園にいる同じ年齢の子どもたちと遊んでほしいという思いをもち始めます。友だち関係を作ることは、子どもの発達にとって大切な機会になります。親も公園にいる親同士でコミュニケーションをとり仲良くしたほうがよいのではという思いをもちます。しかし、すでにできあがっているママ友の輪には入りにくいものです。

倉石せんせいのアドバイス

子どもが友だちと呼べるような仲間と一緒に遊びを通したやりとりができるのは、4～5歳頃といわれています。2～4歳児は一緒に遊んでいるように見えますが、「並行遊び」といって、それぞれが同じ遊びを楽しんでいることがほとんどです。遊びを通して体験を共有するといった、お互いのやりとりが深まっているわけではありません。友だ

ち（同年齢の子ども）と遊ぶよりも、親と一緒に遊ぶことで満足します。年齢が低いほど、その傾向は強くなります。公園など遊具がある遊び場でも、家の外に出るだけで緊張が強くなっている子どももいます。慣れている家の中とは違う空気や音、人などに敏感になっているのかもしれません。新しい場面に早くなじむ子どもと、慣れるのに時間がかかる子どもがいます。後者の子どもでもゆっくりと親子の時間をもつことで、新しい場面に徐々に慣れていくでしょう。

子どもが体験していることを親が代わりに言葉にして話しかけると、コミュニケーションが生まれるきっかけになります。「風が吹いてほっぺにあたっているね」「あれは何の音かな」など、目に見えるものや聞こえる音などを言葉にすると、子どもも同じように感性が磨かれるでしょう。親との落ち着いたやりとりを繰り返していると、子どもは親と一緒にいる外の世界が安全で安心できると感じ始め、年齢とともに一人で遊び始めたり、やがて友だちとも遊び始めるようになります。

ママ友など同じ子育てをしている世代とつながりたい場合、地域には「子育てひろば」や「子育て支援センター」がありますから、そちらに出向くとよいでしょう。ひろばや支援センターに行くと、常駐している保育士や支援員が子どもに声をかけて遊びに誘導してくれたり、親の話を聞きながら同じ親同士が知り合えるような機会をつくります。支援者がいる環境で、親子が安心して過ごせる場所として活用するのもよいでしょう。■

外出中のかかわり
むずかる子どもへの対応

外出中に子どもの機嫌が悪くなる、わがままを言うなどむずかりが始まると、人混みや混雑したところでは周囲の眼もあり、親は子どもを落ち着かせようと躍起になることがあります。落ち着くまで放っておいたほうがよいのか、食べ物や飲み物を与えて静かにさせるほうがよいのか迷います。

倉石せんせいのアドバイス

まずは、むずかっている子どもの心境を想像してみましょう。むずかりが見え始めた場面を嫌がっている場合と、疲れているなど、少し前から気分がよくなかったけれど我慢していて、今の場面で不快さが爆発したということも考えられます。子どもは感情のコントロールが難しいため、徐々に募ってくる不快さを感じて、その場面ごとに気持ちを表現するのは大人以上に難しいことなのです。さっきまで楽しそうにしていたのに、昼食になると急に不機嫌になるのは、昼食の前から疲れていたのかもしれません。子どもはそれまでの楽しいことにエネルギーを消耗させてしまい、疲れを蓄積させていたのかもしれません。昼食を食べるときに初めて「疲れた」と感じますが、募った不快な思いをコントロールできず、むずかる態度になってしまうのです。

子どもがむずかってしまい、その対応が難しいときは、親自身にも疲れが蓄積しているのかもしれません。疲れていることを自覚し、人混みや混雑した場所から離れる手立てを考えるのがよいでしょう。電車の車内など移動が難しい場合は、周囲に頭を下げるだけでも周りの人が理解を示してくれ、親としても落ち着くことができます。それでも迷惑そうにしている人がいれば、その場で開き直って子どもに好物を与えるか、場所を移動するか判断せざるを得ないでしょう。

むずかった場合の対応です。その日外出を始めたところから振り返り、楽しんでいた場面や我慢していたであろう場面など子どもなりにがんばっていたことに想像力を働かせてみましょう。「よくがんばったね」「楽しかったから疲れちゃったね」と、子どもが少し前から感じていた気持ちを言葉に出して、頭や肩、背中をさするなどスキンシップをとってみます。子どもは自分が感じていたことを親に言葉に出してもらい、身体に触れてもらうことで安心し、興奮している身体の力が抜けて落ち着くことができるかもしれません。むずかった際に落ち着いた対応ができれば、その積み重ねが親と子の愛着を深める大切な機会となります。外出には親もエネルギーを使いますが、子どもがむずかったときのためにエネルギーを温存しておくこともお勧めします。■

3章

愛着がうまく形成できない子どもとのかかわり方

大人との愛着がうまく形成されてこなかった子どもに
よくみられる特徴から、
そのような子どもとのかかわり方について考えます。

周囲の注目を受けたい「アピール行動」

相手を悪者にするメカニズム

大げさに痛そうにしたり、わざとばれるようないたずらをする、自作自演でまるで被害者のように振る舞う子どもがいます。こういった行動をする子どもは、親や友だちにどう思われているかといった不安があり、自分が悪者になっていたり責められているように感じやすいのです。自分のほうが被害を受けていて、悪いのは周りなのだとアピール行動で主張し、悪者にされ責められそうな自分を守ろうとします。

咎められたり叱られるような行動なので、なぜそのようなことをするのかと理由を尋ねても、「●●が悪いから」と責任を周りに転嫁します。これまでに理由を説明して理解される経験が少ないために、どのように自分の思いを表現すればよいか本人もわからないのです。「ごめんなさい」と謝っても叱られた経験があるとか、自分の言い分（だって〜してほしかったから）を言っても受け入れられるような体験をしていないと、自分の思いを話すことはできず、話してもつらくなることを会得してしまっているのです。

自分の気持ちを親か周りの大人に受け入れられたと感じるような経験が乏しい子どもは、自分の感情を言葉に出すことが難しくなります。怒りたいことや、悲しみの気持ち（泣く）を言葉に出せないため周りに受け入れてもらえないと感じてしまうと、子どもはそれ以上自分が惨めにならないように周りの責任にしたり、身近にいる相手を悪者にしてしまうのです。アピール行動を咎めたり、行動の理由を尋ねても子どもがうまく答えられないのは、このような子ども自身も気づいていないつらさや悲しみが隠されていると考えられます。

愛着が形成されない場合の子どもの行動

安定した愛着が形成されると、子どもは自分の感情に気づいて言葉や態度に出して周りに受け止めてもらおうとする力を獲得します。子どもは親や周りの大人との愛着が形成されることで「～したくない、～いやだ、こわい」といったマイナスの感情や「～をしたい、～をさせてほしい」といった欲求を安心して表現できるようになるのです。

安定した愛着が形成されていない場合、子どもは湧き上がる気持ちや感情を出しても大人に叱られる、怒られることが積み重なっているために、感情の表現方法がわからなくなっています。

子どもは、乳幼児期から不安を抱えて育ちます。泣いたり機嫌の悪さ、あるいは不安や不満を言葉や態度で表現しますが、子どものそういった気持ちを親や大人は汲み取って子どもに応えようとします。子どもは親や周りの大人に理解し受け入れてもらうことで、気持ちが満たされ落ち着くようになります。これらを繰り返すことで「愛着」が形成された子どもは、自分の気持ちを言葉で表現しようとするようになるのです。

しかし、すべての親と子が順調に愛着を形成するわけではありません。子どもの特性(性格や発達特性等)や親の健康状態、生活状況等は親子の関係に影響を及ぼすことがあります。安定した愛着が形成されないと、子どもは不満や不安を溜め込んで、不安や不満、イライラを爆発させます。親や周りの大人は困り果てますが、周囲の人間(大人や子ども)を困らせ怒らせることで、自分で周囲を驚かせたり困らせることができるのだという誤った感覚を身につけてしまうのです(誤った学習)。

アピール行動の悪循環

注目を得ようと、子どもが大げさな注意引き行動をした場合、身近にいる大人(親)は子どもの不満や不安な気持ちを想像し、その気持ちを言葉に出して代弁します。感情を代弁してもらう対応で、子どもが落ち着くことを繰り返し体験できれば、理解されたという安心感を大人に抱き、少しずつ思いや気持ちを話せるようになります。

大げさに注目を浴びようとする子どもの行動は、大人には嘘っぽく、わざとらしく感じられるので、真剣に取り合おうとせず、注意や叱責で終わらせることが多いでしょう。子どもは、溜め込んだ不満を別のアピール行動で表現せざるを得なくなり、さらに大人もより厳しく叱責してしまうという悪循環に陥ってしまうのです。

アピール行動への対応

・波長合わせが安心感の土台になる

子どもの嘘っぽくわざとらしい行動に向き合うことは、親にとって簡単ではありません。「たいしたけがではない！」「やってないことをやったと言わない！」と間違いを指摘するのではなく、「こういうことが言いたかったのね」「こういう気持ちをわかってもらいたかったのね」と、子どもの不満や不安な気持ちを代弁することが大切になります。

ポイントは、「今この場」のアピール行動だけでなく、「少し前の」「朝からの出来事」など子どもの様子を振り返ることです。子どもは朝からの積もり積もった気持ちをアピールしているのかもしれません。「朝忙しいときにはお利口だったけど、がんばっていることをわかってほしかったのね」「外遊びのときに、お友だちにされたことが嫌だったのかな」と、想像のつくことを言葉で代弁します。的が外れることもあるかもしれませんが、少しずつ親と子どもの波長が合い始めて、親も子どもの気持ちがわかるようになります。

子どもは「そうじゃない」「ちがう」と、言葉で気持ちを表現しようとするでしょう。

このときも「自分で言いなさい」と親が子どもに詰め寄るのではなく「◎●だったの？」と粘り強く代弁を試みてみましょう。この波長合わせの時間こそが、子どもにとって親が自分をわかってくれようとしているという安心感の土台となるのです。

・当たり前の言動を認める

子どもも大人も、気持ちが高ぶっているときには落ち着いたやりとりは難しいですね。そのようなときは、子どもとの距離をとるなど手早く落ち着く方法をとります。そして、子どもも親も落ち着いているときを見計らって「今この場」で子どもが落ち着いていることを認めて、「さっきはこうしてほしかったのかな？」と先ほどのアピール行動を振り返りながら、子どもの気持ちの代弁を試みます。子どもの状態を言葉に出して認める（評価する）ためには、親にとっては当たり前に思えるような子どものがんばりを認めるようにしましょう。

アピール行動に親も感情を揺さぶられます。それも仕方ないことと受け入れ、親が落ち着いた際には①嘘や大げさな表現は望ましくないことと教える、②さかのぼって子どもの様子を振り返り、気持ちを代弁する、③子どもの当たり前をほめる、といった対応を意識します。落ち着くことが難しい場合は、距離をとって落ち着いてから、①から③を意識したかかわりを試みましょう。■

Column

愛着の発達

愛着は、乳幼児の状態に敏感に配慮し、スキンシップ等で保護する養育者（親）の存在を前提として成り立ちます。養育者（親）の保護を受ける状態（受け身的）から、身体の発達に伴い、親に接近して求める（能動的）状態となり、成長とともに、養育者の存在を身近に感じ、近接しなくても安定する段階へと移行します。

①第一段階——人の識別を伴わない定位と発信*
（出生～2か月程度）

この時期の乳児は、まだ人を識別できません。特定の人物に限らず、近くにいる人物に対して、定位（追視、声を聴く、手を伸ばす等）で発信（泣く、微笑む、喃語を発する）といった行動を向けます。

*定位：動けない、動かない状態を指す。
発信：泣くなど声を出す状態を指す。

②第二段階——特定対象への定位と発信（12週～6か月）

第一段階と同じように、この段階の乳児はやさしく接近する人には笑顔を見せ、手を伸ばしてきます。聴覚や視覚の発達により、日常的によくかかわる人には特に愛着行動を向けるようになります。生後12か月を過ぎるころからは、養育者の声や顔に向けてほほえんだり、声を発するようになります。

③第三段階——発信と移動による特定対象への接近
（6か月～2、3歳）

人の識別が進みます。相手によって反応を変え、見知らぬ人には警戒心を抱き、かかわりを避けるようになります。ハイハイや歩行により移動が可能となり、養育者が離れると後追いをしたり、戻ると喜ぶなど、養育者を自分の安心・安全基地と認識します。苦痛や不安を養育者との間で終結させる方策を獲得するようになります。

④第四段階——目標修正的な協調性形成（3歳以降）

養育者を観察し、養育者の感情や自分への関心の有無を推測できるようになります。それにより、養育者の行動を予測し、自分の行動を修正できるようになります。子どもは接近や接触（スキンシップ）を得ずとも、近くに存在を感じることで安心でき、養育者の状態に合わせて我慢や待つことができるようになります。

落ち着きがない

ストレスを抱える子どもの行動

子どもが落ち着かない要因はさまざまです。発達上の特性として自閉スペクトラム症等が考えられるケースもありますが、乳幼児期の子どもは全般的に落ち着くことが苦手です。ここでは、それぞれの子どもの特徴を踏まえても落ち着きがない状態について考えてみます。

・子どものストレス

子どもが何らかのストレスを感じていることが考えられます。子どもにとって適度なストレスは活動や意欲を促進しますが、過度なストレスによって起こりやすい反応は意欲の低下、気分の落ち込み、イライラや不安が知られています。これらは、おしゃべりが止まらない、じっとせずに動き回る、人を叩く・蹴るといった衝動的で攻撃的な行動になって親から叱られます。子どもはイライラや不安が解消されないままにさらにストレスを溜め込んで爆発させるという悪循環に陥ります。

自分の気持ちを受け止めてもらえていないと感じている子どもは、慢性的に何かを警戒する（叱られる、叩かれる等）ようになります。家庭内で大人の言い争いが絶えない状況だと、子どもはいつ言い争いが起こるのか予測できず警戒心を強めています。そして警戒がピークになると、それまで抱え込んでいた感情が表に出たり、落ち着きがない行動を始めるのです。

・刺激を求める

不安やストレスから逃避したいときに、子どもは無理やり気分を高めるようにはしゃいだり騒ぐことがあります。周囲から見て異常な騒ぎ方は、日常的に感じているストレスから現実逃避しようとする行動かもしれません。

つらいことから逃れたい、逃げ出したいときにも、落ち着きがない行き当たりばったりの行動をすることがあります。子どもにとってつらいことから逃れたい一心なので、計画性のない衝動的な行動を繰り返し、友だちのやっていることを邪魔する、ものを壊すなどのトラブルを起こします。周りを巻き込みますが、本人は巻き込む意図はないために、自分は責められると困惑し、さびしさや怒りを溜め込むことになります。

・注目されたい

周囲からの注目を集めたい衝動に駆られている場合です。大げさでわざとらしい行動をするため、親や周囲の人からは疎ましがられ、注意を受けます。注意されても「注目された」という充実感が得られると、同じ行動を繰り返すようになります。

落ち着きがない子どもへの対応

・ほめる機会を増やそう

本来、子どもは落ち着きがありません。落ち着きは、感情や動作を調整する神経や脳の伝達機能の発達に伴って獲得されます。安心感が得られない環境に置かれていると、警戒心が強くなり、不安やイライラが高まります。落ち着かない行動を繰り返す場合は、叱るよりも落ち着けるようにかかわることを意識します。子どもの落ち着きが気になって子どもを認めるような言葉かけが減っていないか、注意が多くなり、やってよいことと悪いことが理解できるよう話す機会が減っていないか振り返るようにします。

子どもをほめたり認める機会を増やすためには、親の子どもへの期待のレベルを下げます。できて当たり前のことでも、「がんばっているね」「自分でやれているね」と声をかけるのもいいでしょう。子どもとの一対一の場面を活用することで、子どもは大人に安心感や安全感を抱き、自信をもつようになります。子どもにとって安心と自信は、不安やイライラをコントロールするための力になるのです。■

自分の非を認めない

周りから言われて修正するのが苦手

子どもは間違いや失敗を糧に成長します。成長するためには、間違いや失敗を乗り越えて挑戦しようとする力が必要です。乗り越えて挑戦しようとする力とは、失敗や間違いを怖がらないことです。怖がらないためには失敗や間違いをしても、それを支えてもらう体験が必要になります。

自分の非を認めない理由の一つは、失敗をしたことがない、あるいは失敗や間違いをしないように周りの大人が先回りをしていたことが考えられます。失敗をさせたくないという親の気持ちは理解できますが、うまくいかないときに支えられる体験をしていないと、新しい場面で怖気づいたり、挑戦しようとしなくなります。

もう一つの理由として、乳幼児期からの生活で失敗や間違いをしたときに叱られる、責められるという経験を積み重ねていることが考えられます。子どもながらに「自分はダメだ」という意識を刷り込まれてしまうと、どうせ失敗するから、間違えて叱られるからと思って挑戦しようとしなくなります。間違えても、「どうせ自分はダメだ」と思い込んでいるので、親からさらに間違いを指摘されると、「うるさい」「あっちいけ」と反発を強くします。子どもが失敗することは多くありますが、その体験を支えてもらう、できないことを許してもらうことで、自分を責めることなく、大人の助言や励ましによって挑戦しようとする力がつくようになります。

・子どもの体験を言葉にする
失敗や間違いをしたときの対応

子どもが間違いをしたときには「思うようにうまくいかなかったね」「悔しい、悲しい気持ちになるね」という思いを代弁してみましょう。「やろうと思ったけどうまくいかなかったね」「がんばろうとしたね」「うまくいかないと悔しいね」「悲しい気持ちになるね」と、子どもが体験しているであろう気持ちをを想像して言葉にしてみましょう。親は子どもの「失敗や間違いを許す」役割です。「うまくいかなくても大丈夫だよ」「次はがんばろうね」と許す言葉かけは、子どもにとって苦手なことでもやってみようという意欲につながるでしょう。

・子どもの思いを尊重し、ともに考える

間違いや失敗を許すことができれば、次にどうすればよいのかを子どもと一緒に考えるようにします。親から提案するのでもよいですし「お母さん（お父さん）はこんなふうにしたらいいと思うけれど、（あなたは）どうしたらいいと思う？」と、子どもの思いを大切にする言葉かけをします。「～してみたい」「～しようと思う」などと子どもが考えていることを言えるようであれば、その考えを認めるようにしましょう。親の立場からは現実的ではない考えであっても、「そういうことも考えていこうか」と子どもの思いを尊重しましょう。

思いや考えが出ないときにも、子どもを責めるのではなく「また相談しようね」と次の機会があることを子どもに伝えましょう。失敗してもうまくいかなくても、次があると思えるようになると、子どもは安心し、次の機会にがんばる力が湧いてくるでしょう。

困っているのに助けを求めない

叱る・萎縮するという悪循環

「自分の非を認めない」でも触れましたが、失敗したときに責められたり叱られる体験が積み重なると、子どもは困ったときに萎縮してしまい、大人に助けてとSOSが出せません。萎縮するのは、また叱られるのではないか、どうしていいかわからない、怖いというように、マイナスの思いばかりがたくさん沸いてしまい、固まってしまうからです。固まるのは一瞬のことが多く、しばらくすれば「困ったことはないもの」と忘れたように、次のことをやり始めることもあります。

親は子どものことを思って「困っていたならどうして言わないの！」と叱ってしまうのですが、子どもはさらに萎縮してしまうという悪循環が繰り返されます。2～3歳頃は、恥ずかしいという気持ちもわかるようになります。SOSがうまく伝えられずに固まったり、まごまごしたり、逆に困った場面で怒り出したり、泣き叫ぶようなこともあります。いずれも困っているという自分の状態が理解できず、親が尋ねても「しらない」「わからない」「やりたくない」といった言葉を繰り返したり、暴れるような態度になります。

乳児期の助けを求める関係性

0歳児は、お腹がすいた、眠い、暑い・寒いなどの不快を感じれば泣いて訴えます。泣くという行為は親や周りの人に助けを求める第一歩です。このとき親は、わが子が何に困っているのか、抱っこなのか、おっぱいなのか、眠いのかなどの子どもの状態を想像して対応します。お腹がすいたらおっぱいを、眠そうなら抱っこを、暑さ・寒さならば着替えをして子どもの不快さを取り除こうとします。赤ちゃんは不快な状態が取り除かれて心地よく安心できる状態になります。

乳児期の「不快」→「泣く」→「対応してもらう」→「気持ちよくなる（不快が取り除かれる）」という一連の関係が、困っているときに助けを求めて対応してもらうという経験の基盤となります。

身体が動くようになる1～2歳児は、主導（積極）性が生まれ、いろいろと楽しそうなことに挑戦しようとします。そして少しでも不快なことがあれば取り除いてもらいたいために、泣いて親を呼びます。日々の生活の中では、たくさんの挑戦と失敗を繰り返します。転ぶ、食べ物をこぼす、けがをするなどしても、子どもたちは「失敗した」「困った」とは感じていないかもしれません。しかし、親や大人から「ダメでしょ」「どうして」と怒られたり責められたりすると、自分ができないから怒られてしまうんだというはずかしいという感覚を強めてしまいます。「自分はダメなんだ」という感覚を強めてしまうと、「自分は困っている」という感覚が育ちにくくなり、その結果助けを求めないようになると考えられます。

困っているのに助けを求めない子どもへの対応

・許され支えられる体験を積み重ねる

助けを求めようとしない子どもへの対応は、基本的には「自分の非を認めない」ときの対応と同じです。親にとって子どもが困っていることを想像するのは簡単ではありません。しかし、困っているとき、子どもは「できない！」「恥ずかしい」「うまくいかない」「やりたくない」そして「自分はダメだ」「怒られる（怖い）」といった複雑な感情を抱いているはずなのです。瞬間的な身体の反応としてカッとなって叩いたり蹴ったりする、その場から逃げようとする行動をとることもあります。

こうした行動をとってしまうことや、親や周りに助けを求めずにいることを、親や大人は子どもを責めるのではなく、子どもが自分では助けを求めることができない状況になっていることを想像し理解します。子どもが助けてほしいと訴えることができる（意識できる）ように、「うまくいかないね」「残念だったね」と子どもの思いに共感する言葉かけを心がけるようにしましょう。うまくいかない体験が許されるような言葉をかけてもらえれば、子どもは親や大人が自分を許してくれるのだと実感し、自分は許してもらえるのだといった安心感をもつことができるようになります。許され支えられる体験を積み重ねると、子どもは助けを求めて、親や大人の手を借りながら、自分でやろうとする力がつくようになります。

皆さんも、日常の生活で困ることは少なからずあるはずです。困ったときに家族や周りの人に頼る姿を子どもに見せることで子どもは、人に頼るイメージをもてるようになります。また、「お母さんやお父さんの手伝いをしてもらえるかな？」と頼まれることは、子どもにとって、自分が信頼されていると感じる体験となるでしょう。子どもにとって頼ったり頼られたりする体験は、自分を取り巻いている人々を信頼する力を育むようになります。自分や周りの人を信頼できるようになると、「頼ってもいいんだ」「助けてもらっても恥ずかしくない」という意識が芽生えるようになるでしょう。■

一人遊びが多い

一人遊びが続くと……

新生児の赤ちゃんは、一人で遊ぶこともありますが、大人がかかわることで声を発したり笑顔を見せるようになります。大人がかかわることでよりダイナミックに感情が出せるようになります。「一人遊び」を好む赤ちゃんもいますが、親と遊んだり、身近な大人にかまってもらうことがないと、人とかかわってもらうのをあきらめてしまうことがあります。そのまま成長すると、二人遊びや集団遊びをする年齢になっても、一人遊びを好む傾向が続くことになり、将来にわたって人間関係に課題を抱えることになります。

乳幼児にとって概ね18か月(程度)までは、基本的な愛着が形成される重要な時期になります。一緒に遊ぶ、親や身近な大人からかまってもらう体験は、子どもにとって楽しい、嬉しい、面白い、安心するといった心地よさを体験する基盤にもなります。大人にかまってもらうことが楽しくなると「もっと」と遊びをせがむようになります。親や身近な大人の顔や目を見ながら声を発してせがむ行為は、対話するというコミュニケーションが育ち始めている証でもあります。

「回避型」の愛着障害

乳幼児期に一人遊びを好む場合は「回避型」の愛着が疑われます。「回避型」は不安や困るような場面で感情を抑制する傾向が強く、親や身近な大人が、自分に関心を寄せてもらうことを期待しません。子どもからかかわりを求めることもありませんが、こういった子どもでも全身で親や身近な大人の存在に注意を向けているということが、近年の研究でわかってきています。

「回避型」の子どもの特徴は、①親しみにくさ（抱っこを求めない、触れ合うことを避ける等）、②助けを求めずに一見しっかりしているように見える、③感情表現が少ない、④親密な関係を作らない、⑤依存することが少ない、⑥一人遊びが上手で持続する、などが挙げられます。しっかりしているように見えますが、自分が周りからどのように見られているかということを絶えず気にしています。

乳児期のＳＯＳの多くは泣くという行為ですが、泣く行為は子どもにとって大変なエネルギーの消耗になります。親や周りの大人からかまってもらえない乳児は、生きるために必要なエネルギーを消耗することを避け、泣くことを止めてしまうことがあるのです。

かまってほしいときにどのようにＳＯＳを出せばよいかわからないままに、一人遊びをすることで、不安や不快さから逃れていると考えられます。

一人遊びが多い子どもへの対応

・子どものペースに合わせる

おもちゃを介した遊びなど、子どもが喜ぶ遊びを試してみましょう。同じ遊びを繰り返すと、子どもは楽しみを倍増させます。「いないいないばあ」は、0歳児がとても喜ぶ対話的な遊びです。おもちゃをつかったゆっくりとした遊びも、子どもには楽しい刺激になります。一緒に遊んでいると「もっともっと」といった要求も出るようになります。

ポイントは、子どものペースに合わせることです。親は子どもと目線を合わせながら、子どもが関心を示していることに「おもしろそうだね～」「どうなるだろうね～」と期待が膨らむような声かけをし、遊びに関心が広がるようにします。親が遊びを誘導するよりも、子どもの遊びの後をついていく、あるいは遊びに伴走することで、人との関係が高められ、その先にある二人遊び、集団遊びに広がることが期待できます。■

Column

愛着障害

愛着とは、主に乳幼児期の子どもが不安や危機を感じたとき（助けてほしいとき）に、特定の養育者との間で情緒的な安定を取り戻すことを指します。特定の養育者とは、日常的に子どもの養育にかかわる親や支援者（保育者等）を指します。泣く子どもを抱っこする、あやすなどして落ち着かせることが繰り返されることで、子どもは養育者と愛着を形成することができます。

愛着障害は、養育者との愛着形成がうまくできず、本当は助けてほしいときに逆に養育者から叱られるような行為をする状態を指します。愛着形成ができている子どもは上手にSOSを出すことができ、甘えたり頼ったりできますが、愛着障害になると、攻撃する、嫌がらせをすることで相手とつながろうとします。愛着障害を抱えたまま成長すると、安定した人間関係が作れず、社会生活で困った場面で相談ができず、他人に八つ当たりをしたり、ストレスを抱えて疾患を繰り返してしまうなどさまざまな支障が生じるようになります。

愛着障害は、「親の愛情不足」だけが原因で起こる問題ではなく、次のような要因で起こると考えられています。

・親や親しい家族との離別
・養育者の頻繁な交代（離婚等）
・厳格なしつけ
・災害や事故に遭遇
・その他、家族が遭遇する危機（家族の大病や死・犯罪等）

これらの危機に遭遇した際、養育者や身近な大人が、子どもの恐れや不安に気づき寄り添う言葉かけができれば、子どもは情緒的に落ち着くことができ、養育者や身近な大人との間で愛着を形成します。

しかし、親や大人も危機に遭遇し混乱した状態では、子どもにかまう余裕がありません。子どもが親に安心を求めようとする際に「うるさい」「あとで」といった言葉をかけ続けると、子どもは不安や怖れを倍増させながらも気持ちを抑制してしまい、「誰もかまってくれない（信用できない）」「自分は不要な存在だ」と自己不信を強めてしまいます。どうせ助けてもらえないという意識は、怒られることをやってでも注意を引きたい、周りを困らせることで自分の力を確認するといった問題行動につながります。

例えば、災害で家族全員が困難な状況に対処しようとしているとき、親が子どものことで相談できる相手とつながり、子どもの不安な気持ちを受け止めたり理解できるようになれば、子どもは落ち着くようになるでしょう。親や家族が大変なとき、親にとって頼れる相手がいることは、子どもの愛着形成にとって大切です。

愛着障害に陥って親との関係が悪くなった場合でも、保育者など特定の養育者との間で子どもが安定した愛着関係を体験できれば、子どもは徐々に親との間でも安定した愛着関係が作れるようになります。■

自己否定

孤立感や自分を責める状態

自己否定は、子どもが自分のことをダメだと思い込んでしまい、何をやってもうまくいかないし、怒られる（馬鹿にされる）、周りと一緒は楽しくない、自分は関心をもってもらえない存在だと孤立感を抱いていたり、自分を責めているような状態を指します。

親から見て、怒られることばかりする、笑うことが少なく表情が暗い、弱い者いじめをしているなど、気になるところばかりが目につくため、どうしても叱ることが多くなってしまいます。子どもはどうせ自分は怒られるのだといった自己否定感を強めます。親や身近な人とも積極的にかかわろうとせず、叱られるストレスから逃れるために「どうせ自分は…」と消極的であきらめているような発言をすることもあります。

・自己肯定感の未獲得から生じる自己否定

乳児期の子どもは、不安や恐怖を感じたときに、親や身近にいる大人から支えられ守られる体験によって、自分の周りの世界は安全で、自分は助けてもらえる存在なのだと感じることで自己肯定感を獲得するようになります。

幼児期には、大人とのかかわりの中で、楽しいことができる体験を通して面白い、楽しいと感じて積極的になり、自己肯定感が強められます。またこの時期は、失敗ややってはいけないことがわかり始めます。失敗することを許してもらう体験を積み重ねることで、親に愛されていると感じて自己肯定感を強めるようになるのです。

自己否定感の強い子どもは、自己肯定感の獲得とは逆の体験をしていると考えられます。不安や恐怖を感じたときや失敗したときに、許されたり支えられることなく、繰り返し厳しい叱責を受けたり、かかわってもらえず（無視される）孤独感を強めたりしています。また、楽しいと感じることをしていても、「何が面白いの？　やめなさい！」と否定されたり、困ったらすぐに親が手を出してしまうために、達成感を味わえず、失敗しても挑戦しようとする積極性が育まれていません。

幼児期の後期になると周りの友だちから刺激を受けて、しっかりやらないといけないという焦燥感をもち始めるため、慌てる、注意散漫になる、落ち着きのない行動を繰り返すといった状態になることもあります。

自己否定が強い子どもへの対応

・繰り返しほめる・穏やかに話す

自己否定が強い子どもといると、親もストレスを感じるため、子どものことが気になり注意や叱責が増えてしまいます。子どもも親や大人の顔色をうかがいながら行動するようになり、積極的に自分から楽しむことができず、ストレスから失敗や間違いが増えてしまいます。

しかし、自己否定感は自分のことを気にしているからこそ生まれる感覚ですから、自分への意識が高いとも考えられます。人からほめられる、評価されることをしても、最初は喜びの表情が見えづらいかもしれませんが、繰り返し評価されることで少しずつ自信をもつことができるようになります。叱る場面でも、子どもが理解できるようなわかりやすい言葉で説明します。子どもが落ち着いているときに穏やかに話すと、耳を傾ける（聴覚を働かせる）ことができ、どうすればよいかを子どもなりに考えられるようになります。

親も自分を責めないことです。自分の子育てがよくなかったのか、何が問題かと原因探しをしても、自分を責めることが多くなるだけで解決策は出にくいものです。

子どもの自己肯定感を強めるためには、子どもの遊びに関心をもち、一緒に楽しむように心がけましょう。親が関心をもって子どもに話しかけると、子どもも言葉を発するようになります。その際は「なるほど、すごいね、おもしろそうだね、（失敗しても）大丈夫だよ、やってごらん、がんばっているね、さすがだね」といった励ましや支えの言葉で子どもの思いを受け止めるようにすると、子どもは親に支えられ見守られている安心感から、自分は信頼されているという気持ち（自己信頼感・自己肯定感）をもつようになります。

楽しい時間を過ごす、子どもをほめる、家族や友人と楽しい時間を過ごすことは、子どもと親が自己否定から脱する有効な手段となるでしょう。

親と過ごすことが難しそうな場合は、子どもが安心して遊べるような専門職にみてもらったり、保育者などがいる施設で預かってもらうのも、親も冷静になれる方法の一つです。■

虚勢を張る言動

愛着障害の症状

愛着障害は孤立感を抱きやすく、子どもは感情が不安定な状態が続きます。感情をコントロールすることが難しいために、周りの大人や友だちへの衝動的で攻撃的な言動が顕著になります。愛着をベースとした安定した二者関係を体験していないために、特につながりたい、一緒にいたいと思う相手に対してどのように自分を表現してよいかわからない状態が続きます。過去のつらい体験を思い出すこともあって、思いどおりにならないと怒る、叫ぶ、泣くといった言動で周りを困らせることになります。

自己高揚「できるか、できないか」の二者択一

自己高揚は、できないことをできるように言い張ったり、友だちをからかう、他人の失敗を指摘する（いやがらせ）といった高慢な振る舞いを指します。これらは、自分ができないことを認めたり、失敗や間違いを受け入れられないことで起きていると考えられます。

幼児期は、自分の中にある対照的な状態（できることとできないこと）を統合する力が育って

います。できないことを指摘されると、自分のできるところは忘れてしまい絶望感に浸ります。できるところをほめられると、できていないことは忘れて有頂天になります。

できないときに支えられた体験が乏しく、できないことを指摘されたり、叱られる体験が繰り返されると、できていたことはゼロになり、自分はダメだという自己否定感を強めます。自己否定感に苛まれ続けることは、子どもにとってもつらいことです。そのためにつらい思いを感じないようにするために、虚勢を張るようになるのです。

虚勢を張る行動への対応

・子どものよいところ探しをする

子どもが虚勢を張るとき、親が「できないのにそんなことは言わないで」と指摘すると、子どもはできないことを認める力が弱い（支えられた体験が弱い）ために、さらにに強がるか、逆におとなしくなりますが、自分は認めてもらえない、受け入れてもらえないという思いを強めてしまうことになります。

自信がなかったりできないときに、子どもにできるようにさせたいのが親心です。しかし、でき

ないことを指摘して無理やりやらせるよりも、「今はできなくても仕方がないか」「いつかできるようになるだろう」「ほかにできるところがある」といった気持ちで、子どものよいところを探すようにしましょう。できないところを認める声かけによって、子どもは自分にはできないところがあるけれど、できるところもあって親に認めてもらえたと思えるようになるでしょう。

・親自身の振り返りも大切

できないことを少しずつできるようにするためには、（入浴や就寝時など）親子が落ち着いているときに、できないことについて子どもの意見（思い）を聞きながら話し合うのもよいでしょう。子どもは決められたとおりにできるものではありません。できないときは、どうすればよいか一緒に考えて子どもの意見を聞いてみると、子どもなりに思いを話すことができるかもしれません。話し合うときに、親の苦手なところやできないことを子どもに話すと、子どもは親に安心感をもち、思いを話せるようになるかもしれません。

虚勢を張っている子どもを前にしたとき、親は自分の気持ちを振り返ることも大切です。徐々に高まるイライラは、シャークミュージックともいわれます。映画で姿が見えないサメが徐々に近づいてくるときに流れる音楽です。子どもに自分の感情を揺さぶられるときには、シャークミュージックが流れ始めていることを自覚し、子どもと距離を置く、早めに気分転換を図るといった切り替えを行うとよいでしょう。■

4章

周囲のサポーターが子どもとの愛着を育むために

これまでの数々の調査で、乳児は親以外にも、
日常的に接点がある支援者との間で愛着を形成することが
明らかとなっています。
また、親との愛着が安定している乳児は、
保育者をはじめとする支援者との愛着が安定しやすいこともわかっています。
そこで本章では、親以外の大人との愛着形成について考えます。

保健師、助産師

妊婦健診から乳幼児健診まで、母子との面談を通じて信頼関係を作ることができます。特に乳児期の愛着形成は重要なため、健診での親子の様子は、愛着の形成を推測できる貴重な機会です。

愛着の形成を見る視点は、子どもが困っているときに、親が子どもの情動に合わせた対応をして落ち着かせることができるかどうかです。できていればひとまず安心ですが、親が子どもを落ち着かせることができていない場合でも親に対して指示的になることは控え、子育てをするうえでの親自身の苦心や苦労をしっかりと聴く機会を作るようにします。保健師・助産師に話を聞いてもらうことで、親は頼れる人がそばにいるという安心感をもち、この安心感が子どもとの関係にも反映されるようになるのです。

母子の健康状態や子どもの発達を図ると同時に、親の話をしっかりと聞き「がんばっていますね」といった声かけを意識すると、親子関係の支えにつながります。

保育所等

保育所等では、毎日親子の様子を観察できます。保育者らは、日常的に保育を通して子どもとかかわりますが、保育者と子どもの一対一の関係を大切にしているため、子どもとの愛着の形成では重要な役割を果たします。

特に０〜１歳児担当の保育者は、子どもの愛着対象として重要な存在となります。２歳児以降でも保育者と安定的な愛着関係が形成されることで、親と子どもの愛着が安定します。保育者は親と子の育ちにとって重要な役割を果たしているといえるでしょう。

愛着障害の子どもの場合、保育者を困らせるような言動を示しますが、落ち着いて子どもの気持ちを代弁したり、安心できる環境を用意する（一人になれる場所を確保する、ＳＯＳのサインを見逃さずに対応するなど）ことを続けていると、子どもは徐々に甘えを見せ始め、困った場面で保育者に助けを求めることができるようになります。

親が子どもとの関係で悩んでいたり、親子の様子から安定した愛着形成が進んでいないと推測されるときには、子どもへの接し方を助言するよりも、「子育てをがんばっておられますね」「子育てはうまくいかないことも多いから大丈夫」と、保護者がホッと肩の力を抜けるような声かけをするように心がけます。親は保育者を安心できる対象として信頼し、相談できるようになります。親と保育者の安定した関係は、子どもにとっても安心できる環境になるので、保育者との関係を楽しめるようになります。

一時預かり・乳児等通園支援事業

一時的な関係になりますが、子どもが不安を感じている場面では、保育者の感受性と応答性を働かせて安定した関係を作ると、子どもは保育者に安心感や安全感を抱くようになり、親との愛着関係とは独立した愛着行動を見せるようになります。愛着行動の違い（例：保育者に上手に甘えるなど）を親は気にするかもしれませんが、子どもの愛着の広がりは成長にとって大切な経験になります。

子育てひろば

親にとって、都合に合わせて安心して利用することができる場所であり、気軽に相談できる支援者は安心して頼ることができる存在になります。

乳児を子育て中の家庭は特に、親子で安心して利用できる外出先の一つになります。親は子どもと2人きりで一日中過ごす生活から、目的をもって外出できることで、生活にメリハリが生まれます。同年齢の子どもを育てている親同士でコミュニケーションをとることで、地域の身近な情報や子育てに関する情報の交換ができるでしょう。気軽な相談仲間が増え、心身ともにリフレッシュできる機会にもなります。

子育てひろばでは、親が安心できると子どももリラックスし、家庭内とは異なる姿を見せたり、親への愛着を見せることがあります。親にとって安心できる支援者は、子どもにとっても安心できる愛着対象となります。また、同年齢の子どもと遊ぶ経験は、子どもの育ちにとっても大切な機会となります。

利用者が増え、慣れてきた利用者にはスタッフから手伝いをお願いしたり、スタッフを補助する役割をボランティア的に担ってもらうようにします。役割を担うことで初めての利用者に声をかけるなど、自身の経験を役立てる体験を重ねることで、社会とのつながりを感じることができるようになります。支援者は、利用者に簡単な役割を担ってもらうことも親子関係の安定につながることを意識します。

近隣住民、ボランティア

江戸時代には「仮親」という仕組みがありました。子どもが育つには親だけに任せず、多くの大人がかかわることで真っ直ぐ育つという教えです。七五三の行事も、本来は親戚や地域の人と子どもの成長を祝う催事でした。

現代社会では、隣近所の付き合いも希薄になり、仮親的な人を見つけるのは難しくなりました。しかし、地域ではボランティアによる子育てサークルや子どもに関する催し物が開かれるようになっています。サークルや催し物に参加し、ボランティアや住民に声をかけてもらうことは、子どもの成長にとって大切な機会になります。

日常的に触れ合うことのない住民やボランティアは、子どもにとって「見知らぬ人」(Stranger)です。一時的に不安になり、安心を求めて親にしがみつき離れなくなるかもしれません。その後、親が見守ってくれているという安心感をもとに、少しずつ「見知らぬ人」と目を合わせるようになり、手を伸ばすようになるなど関心を向けるようになります。親とは異なる大人と触れ合うことは、子どもにとって親との愛着を確かめると同時に、親とは異なる人を自分にとって安心できる人と認識する機会になります。地域住民やボランティアとの交流は、自分を取り巻く世界が安心できるのだといった信頼感を育てる貴重な機会となります。

祖父母・親類

かかわりの頻度は人それぞれですが、祖父母等や親類は子育てネットワークの中心に位置づけることができます。祖父母等との関係が良好であれば、子どもは親との間で安定した愛着を示すことが明らかになっています。

現代社会では、祖父母が身近にいない、あるいは頼りにくいといったさまざまな事情があるため、祖父母や親類との関係を重視しすぎる必要はないかもしれません。しかし親にとって頼れる存在となる祖父母との関係は、親の安心感にもつながります。日常的にかかわることが少ない場合は、子どもにとっては祖父母や親類は、当初は「奇妙な人」となります。その場合は、初めからなつかせようとするのではなく、親が祖父母や親類と親しく会話するなどしていれば、子どもはその様子を見て、奇妙な人に対して少しずつ安心感や信頼感をもつようになります。

祖父母や親類は、物理的な距離や関係により頼りづらい場合もあります。そのときは、代わりになる保健師・保育者・子育てひろばのスタッフなどの支援者が身近にいることによって、子どもにとって安心できる存在となり、親以外の大人との愛着を育てることができます。祖父母や親類は、親が自分たち以外に、安心感や信頼感をもてる人が親の身近にいるのか確認するようにしましょう。■

5章

愛着と子どもの発達

これまで、子どもの行動から愛着形成を考えてきました。
最後に、最近いわれる「非認知能力」と
愛着の関係について考えます。

愛着と社会的・情緒的な力の獲得

愛着の形成によって獲得される力の効果

社会的・情緒的な力とは、①失敗を恐れずにがんばろうとする、②協力的な人間関係をつくる、③感情をコントロールする、といった3つの力を指します（図5-1）。これらの力は「非認知能力」ともいわれ、生涯にわたって必要な能力です。社会に出ると答えのない課題を解決するために、我慢強く取り組むことが求められます。時には協力しながら課題を解決しなければなりません。家族で生活をするならば、お互いに協力し尊重することが求められます。非認知能力は社会で生活をするために大切な力の一つです。

3つの力はそれぞれ①失敗が支えられた体験、②安心（信頼）できる人に支えられた体験、③養育者とのかかわりにより情緒的に安定を取り戻す体験、を繰り返し愛着を形成することで獲得され、成長とともに社会的・情緒的力の形成につながります。

折れない心：非認知能力とは

**社会的・情動的な側面の発達が、
人間の精神発達、ストレス耐性、社会的自立を促します**

がんばろうとする力

**目標に向かって
がんばることができる**

・失敗を恐れないようになります
・失敗を支えられた体験が支えとなります

仲間と協力する力

**人とうまく
かかわることができる**

・養育者に支えられた体験は信頼する力を作ります
・支えられ、支える協力関係を作ります

感情をコントロールする力

**感情が（ある程度）
コントロールできる**

・不安や怖れ等の経験が、養育者との落ち着いたやりとりで克服できることで心理的安定が身につきます

図5-1　社会的・情緒的な力

愛着行動と愛着スタイル

「分離」と「再会」場面で子どもが示す特徴的な行動*

子どもの愛着行動は、養育者（主に親を指します）と離れる場面（分離）と、離れた養育者と再び会う場面（再会）の2つの場面で評価をします（最も単純な実験形式*）。「分離」と「再会」場面での子どもの示す特徴的な行動は、次のとおりです。


「安定型」

「分離」：養育者と離れるときに泣くなど不安を示します（離れたくない）。別の養育者がかかわろうとしますが、泣いていやがります（養育者と一緒の場面では存在に関心を示します）。

「再会」：離れていた養育者と再会する際にも涙を見せます。抱っこなどをされると容易に落ち着くことができます。


「回避型」

「分離」：養育者と離れる際に泣くなど不安を示したり、養育者を求めることをしませ

＊ 愛着行動と愛着スタイルの組み合わせについては次の書籍を参照。数井みゆき・遠藤俊彦編著『アタッチメントと臨床領域』ミネルヴァ書房、2027年

＊ M・Ainsworthが開発した実験方法（Strange Situation Procedure）

ん（落ち着いているように見えます）。

「再会」：離れていた養育者と再会しても関心を示すことが少ないです（遊びに集中している様子を見せることもあります）。

「不安定型」

「分離」：養育者と離れる際に激しく泣きます（求める）。

「再会」：離れていた養育者と再会した際にも激しく泣きます。抱っこなどをされても落ち着くまでに相当の時間を要します。

「困難型」（アタッチメント研究では「無秩序型」と呼ばれます）

「分離」：前述の3つの型と比べて、子どもの様子（反応）に一貫性がありません。激しく泣いていると思えば、知らんぷりをしていることもあります。

「再会」：こちらも一貫性がありません。激しく泣くことがあるかと思えば、ベタベタと甘えたり、顔を背けて養育者に接近しようとするなどします。

親の愛着スタイル

子どもの愛着行動は親の愛着スタイルと関係していると考えられています。愛着スタイルとは、子どもが困っている、ＳＯＳを発しているときの子どもへのかかわりを指します。愛着スタイルは、愛着行動に対応して次の4つに分類されます（括弧は子どもの愛着行動）。

①「安定型」（安定型）

子どもへの感受性と応答性が高く、子どもの体験している困難や発するSOSに適切に対応し、子どもと落ち着いたやりとりができます。

②「軽視型」（回避型）

子どもの困難や発するSOSに積極的にかかわろうとする様子が少ないように見えます。年齢が上がると、自分でさせようとすることが多くなり、子どもがかまってほしそうなとき、親は自分の段取りを優先させる傾向にあります。

③「囚われ型」（不安定型）

子どものSOSに対応しようとしますが、親の自己都合が強いため子どもと波長を合わせるのに時間がかかります（自己都合とは、例えば遊びの場面でも、子どもの遊びに合わせるのではなく、親が良いと思う遊びに誘導します。子どもと親の波長が合うのに時間がかかります）。子育ての知識や情報はたくさんもっていますが、目の前の子どもの状態を読み取ることが難しいようです。

④「未解決型」（困難型）

親が精神的につらい体験をしているにもかかわらず、ケアを受けることなく未解決な状態にあると考えられています。つらい体験がケアされず一人で抱えていると、「自分に何か落ち度があったからではないか」と自責の念にとらわれるようになります。そのため子どもが泣いたり、SOSを発しても、自分の子育てを責められているように感じてしまいます。子どもを落ち着かせることができず、強い口調で叱ったり、子どもを見ないようにするなど、子どもへの対応は一貫しません。

子どもの愛着行動と親の愛着スタイルの組み合わせを紹介しましたが、①から④を大きく分類すると、①から③が「安定型」、④が「不安定型」に分類されます。「安定型」は親の対応がある程度一貫性があれば、子どもは親のスタイルに合わせて「安定」した愛着を形成できると考えられています。①から③にはそれぞれ違いがありますが、大人になった際には大きな問題は生じることは少ないと考えられています。④は親も子どもも「不安定」な状態に苦しむことになります。そのままの状態が続くと「愛着障害」に至る可能性があるため、親と子どもが一緒に早めのケアを受けることをお勧めします。■

終章
パパ・ママへの応援メッセージ

かかわりの〝長さ〟ではなく、〝質〟の大切さ

パパ・ママは子どもにとって一番安心できる存在です。うまくかかわってもらうことは子どもにとって嬉しいことですが、それ以上に一緒にいてもらえる、身近にいてもらえる、何かあればすぐに助けてもらえるという存在が、子どもの愛着を育てる上でとても大切になります。子どもとの愛着を育てるためには、かかわる時間の長さではなく、困ったときのかかわりの質（不安やイライラを落ち着かせることができるか）が大切だといわれています。子どもが不安な様子を見せたときは、子どもがその場で体験していることを想像しながら、安心できるようなかかわりを心がけましょう。

子どもの呼吸に合わせてみる、動作やしぐさを合わせるなどすると子どもと波長が合い始め、子どもの笑顔や発語が増えるなど、子どもが親を誘うような目や手指の動きをし始めます。

親の悩みは子どもの安心と安全を守ろうとしている証

子どもの育ちや子育てで悩むのは、親だからこそではないでしょうか。「生理的早産」ともいわれるほど、未熟な状態で生まれてくる子どもの命を守り、育てる営みは尊いものです。日常的に意識することは少ないかもしれませんが、毎日同じように繰り返される子育ての営みは、時には迷いやプレッシャーを感じることもあるでしょう。でもそれはパパ・ママがそれほどの責任感をもって子どもと接している証であり、繰り返される日常があってこそ、子どもは安心と安全を体験できるのです。

食べているか、飲めているか、体重は増えているか、この育て方でよいのかと、日々問答を繰り返すでしょう。親の悩みは子どもの安心と安全を守ろうとする証なのです。

子育ての成果は見えない(見えにくい)

仕事と子育ての違いは、成果が見えにくいことです。毎日がんばった分の達成感や結果がすぐ返ってこないことが多いのではないでしょうか。子育ては解決策が見つかりにくく、試行錯誤が続き、親が期待するような成果は見えにくいものです。

これまで説明してきたように、愛着も一朝一夕に成果が見えるものではなく、毎日の積み重ねで形成されます。その場その場の子どもとのやりとりを楽しみ、子どもの呼吸や表情、しぐさや動作に合わせることを繰り返し、笑いやユーモアを大切にしながら子育てすることが、安定した愛着を育てることになります。

身体を動かすこと

子育て中は身体を積極的に動かす機会が少なく、どうしても身体が硬くなりがちです。体操をするなど、意識的に両手両足を動かしたり、余裕があれば散歩やジョギングのような身体に少し負荷がかかる活動をしましょう。体幹を整えることは、気持ちを落ち着かせるために有効と考えられています。悩んで考え事をしているときには身体は動きを止め固まっていることが多いです。悩んだら身体を動かす、深呼吸をする（有酸素運動）、外気に触れるなどすることで頭の中の霧が晴れたような感覚になることがあります。親がリフレッシュして表情が和らぐと、子どもも安心できます。身体を動かすことは子どもと親との安定した愛着を育てることにつながります。

話すこと

誰かに話をすることは、身体を動かすことと同じ効果があると考えられます。話を聞いてくれる人に話す。聞いてもらいたいときには、一方的に話すのではなく相手の話も聞きましょう。相手の長所を発見しそれを認める言葉かけをしていると、その人とのコミュニケーションが進み、相手はあなたの話にますます関心を示してくれるでしょう。子育ての大変さや新しい発見、子どもの成長を分かち合える相手を作りましょう。

子育てに奮闘し自分のことを忘れがちになるからこそ、パパ・ママも自分のリフレッシュを意識しましょう。■

おわりに

筆者が愛着理論に出会ったのは2007（平成19）年のことです。その年はアメリカ留学中だったのですが、現地の研究者からことあるごとに『アタッチメント』という言葉を聞かされていました。当時アメリカでは、1990年代後半から始まったアタッチメント研究が全盛期を迎えていました。虐待や紛争、災害等によって親から離れた子どもと、養育を引き受けた里親との間のアタッチメント研究の成果が盛んに発表されていました。

ある日、アタッチメント研究者の自宅に招かれたときのことです。和やかな会話が続き、筆者は、就職活動をせずにのんびり構えていているゼミ生が心配だと話をしていました。ゼミ生は何かにつけ、「最後は何とかなります。誰かが何とかしてくれます」と言っていると嘆くと、彼女（研究者）は「何とかなるとか何とかしてくれるというのは、アタッチメントがベースにある証拠。心配いらないわ」と返してくれたのです。なるほど、「何とかなる」は前向きな言葉なのだと妙に納得したのを覚えています（その学生は、つてを頼って希望する会社に就職できました）。

帰国後、アタッチメントの論文をたくさん読みましたが、そのたびに自分の子どもとのかかわりを反省していました。ＳＯＳを発信している子どもを落ち着かせるどころか、感情のままに叱り、怒っている自分が思い出されました。

自身の反省もあり、愛着理論にとりつかれた筆者は、主宰している子育て講座で「子どものできないことを認める大切さ」を伝えるようにしました。ところが、子育て真っ最中の参加者からは「子どもを甘やかすことになる」「自分からやらない子どもになってしまう」と反発される有様です。そのたびに、子育て中の親は、子どもができるようになることに一生懸命なのに、真逆のことを言われたら混乱するだろうなと感じています。

こういった経験から、子育て中の親を応援する本が書けないかと思っていたときに、中央法規出版第１編集部の平林敦史さんから企画の構想を受けこの本を出版することができました。平林さんには企画の段階から校正まで大変お世話になりました。この場を借りてお礼申し上げます。

子育ては反省の連続かもしれません。自分のできないことを許してくれる人が身近にいれば、親もまたがんばろうと思えるのではないでしょうか。

倉石哲也

著者紹介

倉石哲也
くらいし・てつや

武庫川女子大学心理・社会福祉学部社会福祉学科教授。博士（学術）、社会学修士。専門は家族を中心としたソーシャルワーク。著書に『保育現場の子ども虐待対応マニュアル――予防から発見・通告・支援のシステムづくり』（二〇一八年）、『保育を変える チーム力の高め方――職員の意識改革とコミュニケーションの活性化』（二〇一九年、以上中央法規出版）、『学齢期の子育て支援――PECCK講座の開発・実践・効果』（どりむ社、二〇一三年）、『MINERVAはじめて学ぶ子どもの福祉シリーズ』（監修、ミネルヴァ書房、二〇二一年）など多数。

親子の愛着形成ウソ・ホント
子どもとのかかわり方がわかる本

二〇二四年九月一日　発行

著者　倉石哲也
発行者　荘村明彦
発行所　中央法規出版株式会社
〒一一〇-〇〇一六　東京都台東区台東三-二九-一　中央法規ビル
電話　〇三（六三八七）三一九六
https://www.chuohoki.co.jp/

印刷・製本　株式会社ルナテック
デザイン　しまうまデザイン・高木達樹
イラスト　ナカオテッペイ

定価はカバーに表示してあります。
ISBN978-4-8243-0117-8

本書の内容に関するご質問については、
左記URLから「お問い合わせフォーム」にご入力いただきますようお願いいたします。
https://www.chuohoki.co.jp/contact/

A117

子育て関連書籍のご案内

イライラを爆発させない！

パパ・ママが楽になる 子どもの叱り方

子育てにいかすアンガーマネジメント

「いい加減にしなさい!」「何回言ったらわかるの？」

と子どもに声を荒げ、後で後悔したはことはありませんか？

つい怒ってしまいそうな20シーンを取り上げ、
親が楽になる具体的なアンガーマネジメントのテクニックを伝授。

子どもへの上手な怒り方・叱り方がよくわかる1冊。

野村恵里 著

ISBN978-4-8243-0075-1
2024年6月発行

目次